當愛成了依賴

為什麼我們愛得那麼多，
卻被愛得不夠？

派雅．梅樂蒂 Pia Mellody、
安姬雅．威爾斯．米勒、
凱斯．米勒　合著

曾舜華　譯

給我的孩子

珍、提摩西、班傑明以及丹尼爾

他們每一位的存在，都幫助我一步步走過了復元的旅程。對他們的愛與關懷，給予我力量超越恐懼和否認，邁向復元，並且持續走下去。

——派雅．梅樂蒂（Pia Mellody）

目錄／CONTENTS

推薦序／讀懂自己的愛情，找回健康的關係！

愛情，是人生的修煉場，在愛情裡照見我們許多習性，甚至展露我們的陰影和恐懼。這些年來的心理工作，我在工作坊和諮商中接觸過許多學員，他們往往在關係上有所困擾，尤其是對於親密關係抱持著困擾。

一開始在出版社邀請推薦時，我便迫不急待地將書拿來翻閱，即便這本早在二十五年前（一九九二年）就已問世，經過十一年後（二〇〇三年）再度增訂改版，書中所描述的理論和症狀，套用在我的實務經驗裡，還是幫助我更完整了系統的統整。而我相信，這是一本不管是心理工作者或一般大眾都很適合閱讀的書籍。

很早之前，我就開始推廣「愛情是種癮」的概念。特別是「分手後」根本就是個戒斷的歷程，好比煙癮或毒癮，在你持續地長期使用後，停掉煙毒的供應，你會感受到一股強制性的渴望，回到原本使用煙毒的狀態，而無法顧及到煙毒本身多麼傷身，也傷害你周遭的人。

愛情的癮也有異曲同工之妙，我們在情感關係中建立了「情感依賴模式」，是最難斷開的一環。想想你原本討拍的對象，後來卻成為你情緒壓力的對象。除了要克服沒有人安慰和給予愛的困境外，你還需要調適濃厚的哀傷和心理的空洞。這些就造就了「愛情癮」，也是為什麼有一群人一直抱怨自己的另一半，卻又離不開。因為，他們根本無法想像缺乏另一半的生活，甚至不敢想像自己一個人經歷戒斷歷程的痛苦。

《當愛成了依賴》就是在討論愛情上癮的互動關係。作者派雅更是以「戀愛成癮者」與「避愛者」來描述在這樣情感關係中的人們。他們相互吸引的依存關係，是一種上癮歷程，情感糾結、彼此傷害又彼此獲得滿足，一直在追與逃之間，陷入執迷又強迫的情感狀態裡。

在這種難解的愛情之中，雙方是強烈吸引彼此的，也成為對方的救贖，卻同時餵養一定程度的毒藥。你有時候也知道，情感裡的上癮其實一點都不健康。

「戀愛成癮者」總是花費或投注過多時間在另一半身上，往往將另一半視為完美的對象而希望對方給予自己無條件的積極關懷；總是在愛情中忘了照顧自己，也失去自我。

「避愛者」則是為了逃避關係中的強度，而創造關係外各種成癮行為，像是成為工作狂、熱衷參與各式活動，甚至成為酒鬼也是一種方式。他們害怕對方會拿自己的弱點來要脅，因此不想要對方瞭解自己，進而產生各種疏離沈默的相處模式。

可是，這兩種人為什麼老是兜在一起呢？因為戀愛成癮者渴望英雄般的拯救者，避愛者則渴望照顧有需要的人來自我肯定。避愛者之所以要避免親密，是早期生活中過度被黏結或需要的孩子，而發展出錯誤的人際相處觀點。但在避愛者的照顧裡，通常是由於責任或避免罪惡感，不是因為愛。

我就曾經遇過典型的避愛者，這種類型以男性居多。

現在就一起來看個小故事——

志明是個溫柔的男人，或說帶有點陰柔的特質，也因此容易吸引女生向他訴苦。而他總會耐心傾聽，也靜靜地陪伴哭泣的女孩。每次跟女生的關係越走越近，往往是女生在很糟糕的狀況裡，需要被安慰、照顧的情形。春嬌就是這樣而和他越走越近的。甚至，春嬌覺得自己根本愛上了志明，期待志明不斷溫柔呵護她。

然而，有一天，春嬌赫然發現，她一點都不懂志明。因為每一次相處都是春嬌不斷發牢騷，而志明只是靜靜傾聽與安慰、開導。每次當春嬌問起志明的事情時，他總是雲淡風輕地帶過，說自己的生活沒什麼特別之處。

志明之所以開始覺醒，是因為他陷入三角關係，除了跟春嬌走很近之外，也與美美走得很近。偏偏美美不是個好惹的人，在志明決定要與春嬌穩定交往下去時，美美差點讓志明身敗名裂，像是：打電話到志明的公司，或者到志明的住處與公司去堵人，揚言要讓所有人知道志明怎麼對待她（跟她分手）。

後來，志明終於意識到，他在情感關係中的狀態，總是扮演「痛苦的拯救者」，覺得自己有責任救贖受難的個體，因此容易吸引脆弱的女性到他身旁來。

回顧起自己的童年經驗，志明才意識到，他從小就是被母親過度黏結的孩子，每當父母親吵架時，他總是無助地在旁哭泣。父母經常吵架，他則是要在哭完之後，安撫母親不要生氣難過。

志明從小的情感需求都沒有被照顧過。母親因為無法從父親取得情感支持，轉而向志明獲取。而早熟懂事的志明也學會回應母親，成「小老公」，但幼小心靈已經被情感壓榨，深層意識裡有了「愛是讓人窒息」的烙印。

當志明懂了自己的情感模式後，開始不再讓自己當拯救者，能夠較真誠地與春嬌分享生活。他正視了內心裡對於愛的陰影，也正視到，之所以會與美美發展關係，是由於與春嬌越來越穩定，而他卻開始想要逃避。另外，他也更能意識到，當他想花更多時間在工作時，也是跟春嬌開始有衝突或不滿的時候，對自己逃避的行為有更多的「看見」。而美美則是較為極端的戀愛成癮者，對於分離有強烈的焦慮，害怕失去關係而有控制的行徑，甚至在分開後因為無法忍受內心的感受而有報復行為，這些在書中也都有詳細的介紹。

本書的作者派雅提到，避愛者和戀愛成癮者具有相同的兩種恐懼：恐懼親密，也恐懼拋棄。戀愛成癮者對於遺棄有強烈恐懼，卻沒意識到自己害怕親密，導致他們不自覺地選擇不擅親密的對象；避愛者強烈恐懼親近，然而心底卻潛伏著對於被拋棄的深層恐懼，於是他們總想成為關係中主導的那一方。如此，他們至少能有時感到自己手握大權，迎合了對方的需求，卻不至於被吞噬自我。在志明與春嬌的故事裡，還有更多我所接觸的案例中，派雅真的把「恐懼」抽絲剝繭，描述得淋漓盡致。

看著派雅的書，我想起前陣子在中國很火紅的心理著作《巨嬰國》，是著名心理諮詢師武志紅的書籍，被中國官方下架了，裡面暢談中國人的心理特質，但卻在在點出整個華人世界裡許多關係的特點。

在我們整體文化架構裡，男尊女卑是許多人的成長記憶，然而這股文化傳承所導引到親密關係的問題則是，男孩獲得太多的愛，女孩分到太少的愛。男孩被愛給淹沒，而一直有被吞沒的恐懼，所以對「愛」被動、渴望逃離，因為愛是如此沈重；女孩則是缺乏愛，一直有被拋棄的恐懼，基於對「愛」的匱乏，導致饑渴地抓取，同時又渴望受控且安定的對象持續給予穩定的安全感，退而選擇她們認為安全的對象。但這些對象往往是無聲，甚至最後是無能的，但卻也是確保不會拋棄她們的對象。

該書道盡了華人文化架構下的情感經營結構，也寫出華人的心酸血淚愛情路，與這本《當愛成了依賴》都扎實地點出愛情的難解，但這並不是無解。很多人會認為，愛情是非理性的，是，它充滿情緒，愛恨糾葛、憤怒悲傷、喜悅狂樂，更是反覆發生一秒天堂一秒地獄的情況，也因此讓許多理性的學者願意投身其中去研究和解構愛情。

《當愛成了依賴》提到許多戀愛的病態相處、許多上癮和毒性的歷程，更收錄了許多陰影所引發的錯誤相處觀念。那些在愛裡的糾結與痛苦，同時與我在實務工作中看見的、每一個在愛裡受困的人有了對照。

不少人戲稱，心理師看了這麼多痛苦與不快樂的婚姻家庭生活，都會覺得單身生活比較輕鬆自在吧？可是我越是接觸廣泛又深刻的情感議題，就越深信，每個人都可以為自己創造健康且平衡的愛。也許現在沒辦法，但不代表以後也無法啊！

我們某種程度受制於過往的陰影創傷，也受限於已知經驗中所學習的情感相處模式，以及情緒表達模式。然而，只要我們願意一步步細緻地觀察自己，就能慢慢開始學習。所以說，愛情一直是人生的修煉場，可它並不是只有無解與無奈，而是擁有無限的可能性。

當你在愛裡感到不知所措，或許可以看看這本書，讀懂自己的愛情，也帶你一步步克服恐懼，為自己找回健康的關係。

——諮商心理師／「愛心理」創辦人　吳姵瑩

作者的話

《當愛成了依賴》這次改版，納入了自一九九二年初版發行以來，我所獲知的新資訊。

首先，在原始版本中，我稱戀愛成癮者的伴侶為「避癮患者」（Avoidance Addict）。「癮」（addiction）這個字，意味著對渴望的目標擁有無法控制的欲望。然而，所謂的「避癮患者」卻呈現出相反的特質，疏離並自絕於這份欲望之外，因此將共同成癮關係中這一方的詞彙改成「避愛者」（Love Avoidant），應該較為合理。

其次，我對戀愛成癮者與避愛者之間如何互動，有了更多、更清楚、更詳細的瞭解；這吸引與疏離且機能失調的循環，是在雙方以其失調之姿共舞時才會發生。在檢視共同成癮關係時，如果將雙方分開來思考，既不正確，也會誤導讀者。

第三，本次改版中修改與增訂的資料，多數是關於避愛者的天性。避愛者，幾乎總是我稱作「黏結創傷」（enmeshment trauma）的產物。在避愛者的童年時期，其中一位照顧者的幸福變成他的責任。而他自身的幸福則與那位成人照顧者的幸福緊緊地黏結在一起，如同一道心理創傷。總歸來說，我認為，避愛者基於這樣的黏結創傷，導致他們直到成年後，無論自己有無意識到，都會養成至少三項錯誤的信念：

1. 照顧有需要的人，能帶給我自我價值。

2. 照顧有需要的人，是我的工作。因此，如果我踏進一段關係，這是出於責任和避免罪惡感，不是出於愛。

3. 親近別人，表示我會窒息和受人控制，所以我避免親近。

本書增訂的部分，描述了在避愛者的情感循環中，這些錯誤的想法產生了何種影響。第四，在避愛者出現疏離行為或退縮（withdrawal）時，戀愛成癮者（Love Addict）內心會如何感受，我修正了我的描述。在原始版本中，我稱這種疏離為「遺棄」，但經過這些年，我漸漸認為，這個詞彙只適用於成人和兒女之間的關係；在這種關係裡，父母對子女缺乏關愛，也沒有顧及孩子的身體及心靈的滋養，使子女陷入無助。

然而，於成年人的關係中，我們若無法從伴侶身上獲得想要的東西，或許會感受到痛苦。但是，我們如果夠健康，我們的自尊和自我照顧的能力就不會被他人奪去。簡而言之，我們無法「被遺棄」。

我改良了情感循環階段的圖表，這些圖表能示意出戀愛成癮者與避愛者之間反覆發生的吸引與退縮，希望藉由新的示意圖，能使那機能失調，但卻充滿激情、令人著迷的雙人舞更清楚易懂，而更加明瞭如何走過復元之路。

——派雅．梅樂蒂

亞利桑那州，威肯勃格

序

這本書是寫給那些似乎總是愛上特定對象的讀者。而他們的對象顯然不能，也不會「回報他們的愛」。如果你已幾近心灰意冷，放棄讓生活中的重要他人（significant other）來愛你——無論那個人是配偶、愛人、兒女、父母還是朋友——我們要告訴你一個天大的好消息：「復元固然艱辛，卻有希望成功。」如果你正處在戀愛上癮的關係裡，可以藉由本書描述的治療方法，踏上復元之旅。

戀愛成癮（Love Addiction）是種非常痛苦的強迫行為，不但對戀愛成癮者本身造成負面影響，他們的伴侶也同樣深受其害。戀愛成癮是指，一個人強迫且強烈地愛戀著另一個人，並且愛的方式對雙方都沒有好處。

一九七五年，史坦頓．皮里（Stanton Peele）與阿契．普洛多斯基（Archie Brodsky）著有《愛與耽迷》（*Love and Addiction*）一書，但一直要到一九八六年奧斯丁支援團體出版了《性與愛上癮無名會》（*Sex and Love Addicts Anonymous*），戀愛成癮這個領域

的書籍才如雨後春筍般問世，並且越來越廣受歡迎。儘管，這些書籍和文章甚少被列入心理學文獻之中。❶

不久，我們便明白意識到，我們稱為戀愛成癮的現象，尚未從普遍的描述性概念抽離出來，也未曾被清楚描述過。

許多人將戀愛成癮與共同依賴（codependence）混為一談。然而，在諮商的過程中，派雅．梅樂蒂發現，有些共同依賴患者顯然成功治癒了他們的共同依賴，但對於他們強烈想黏結的對象，仍然無法以機能健全的方式相處，或是分手放下。顯然，他們的問題並不是只有共同依賴。

我們很清楚，我們走在這個研究的前端，將個人與臨床經驗點滴蒐集而來的資訊，盡可能地清楚描述。儘管如此，此處描寫的治療方式已經使許多人免除了戀愛成癮的痛苦病症。由於這點，以及我們在處理自身關係時，所獲得的種種幫助，鼓勵了我們寫下這本書。

——派雅．梅樂蒂、安姬雅．米勒與凱斯．米勒

1．欲進一步閱讀，請參見建議書單；至於心理學文獻的回顧整理，則於附錄中簡要概述。

致謝

我想對四位特別人士的貢獻，表達謝意。

首先，我要感謝我的良師益友，珍妮．赫莉，她同樣也是位治療師。她充滿關愛地面質（confrontation）我的問題，全心支持我的復元療程，並且供予我她的想法，在在都協助了我面對、努力治療戀愛成癮。

其次，我要謝謝我的好朋友，安．沃夫醫師，她在我的復元之路上，給予諸多幫助與支持。

再來，也謝謝我的朋友麥可．史考特，他也是位治療師，他想出「避癮患者」一詞，以指涉戀愛成癮者的伴侶。本書的第一版中，我便是採用這個詞彙。雖然在這次改版中，我改用了「避愛者」一詞，但在我最初發展這些概念時，麥可的建議令我獲益良多。

最後，我要感謝蘇珊．麥斯威爾博士，她是我的治療師。我認為，她對我的治療有著傑出的貢獻，功不可沒。她的才華與支持給了我希望，相信我的人生和關係也將能夠變得更好。她堅決明快地介入我的病症，協助我看清現實。和她共同努力，就好比站在舞台上，演著我的人生，而她就像個稱職的導演，提供我意見，告訴我該如何處理這齣劇碼的各種面向，然後讓我真正忠於自我，找出屬於自己的詮釋。

——派雅．梅樂蒂

作者群同時也想感謝協助校閱的微琪．史賓瑟以及雷．霍頓，他們的謹慎細心、溫暖支持，還有誠實坦白的回饋都幫助我們寫得更加清楚。由於最終的遣詞用字以及文句說明，是派雅．梅樂蒂及我們的責任。書中如仍有任何疏漏錯誤、混淆不清，都應由我們自己負責。

——安姬雅．米勒與凱斯．米勒

引言

凱蒂放下那張泛著香味的信紙，上頭的字跡清晰秀麗，她雙眼滿溢著淚水，喉頭一陣發緊，痛苦地彎下腰去。「噢，不，朗尼，不要再有另一次了，」她緊緊咬牙啜泣，「我再也受不了了！」

這封信是在西裝口袋裡找到的，她本來正準備把西裝拿去乾洗店；這是來自凱西的情書，她是丈夫一個月前雇用的年輕祕書。信裡細細描述了丈夫和這女孩的甜蜜約會，字字都令她痛苦不堪，他們在墨西哥的阿卡波可約會時，凱蒂還以為朗尼正在德州的聖安東尼奧市出差。

凱蒂美麗苗條、膚色又健康，和朗尼已經結婚八年的她雖然年屆三十五，看起來卻只有二十五歲。她一直以來努力保持身材，自從這段婚姻在兩年前瀕臨破滅，她便一心一意希望重得丈夫的愛情與關注，但丈夫的關愛卻似乎總是不夠。

婚後沒幾個月，朗尼變得心不在焉，日益疏遠。他說，生意蒸蒸日上，因此就算回到家，也老是埋首於工作；晚上開會的次數越來越多，外地出差也頻繁了起來。接著，凱蒂得知朗尼外遇了，她並不認識對方。起初她驚懼萬分，然後勃然大怒，她直接找朗尼對質，威脅朗尼要是不結束這段關係，她就離開。在朗尼說他必須好好想一想後，她真的把他的衣服裝箱打包，趁他不在時寄去他的辦公室，連家裡的鎖都換了。

雖然她很害怕朗尼離開，但仍採取了行動。她無法忍受朗尼猶疑不決。如果朗尼真的決定離開，她也已經擬定好計畫，打算撲倒在他腳邊懇求他回頭。她知道，沒有了朗尼，自己什麼都不是。幸好，她的備用計畫並無派上用場。

她成功獲得朗尼的注意力。他送上玫瑰、帶凱蒂共進晚餐、大張旗鼓又誠摯萬分地表達歉意，保證自己已經學到教訓；他發誓自己深愛凱蒂，從來都不想失去她。她相信了，重燃希望也感到快樂。婚姻幾乎破滅所帶來的情緒張力（The emotional intensity）彷彿為她注入活力，她再度感覺生氣蓬勃。而朗尼也似乎改頭換面，他搬回家來，兩人踏上這條漫漫長路要找回彼此的信任。

凱蒂的一切都依賴朗尼，她之所以能滿意自己，是因為朗尼選擇回到這段關係。她知道自己需要以何種方式被照顧、被疼愛，也期望自己能得到這樣的照顧和疼愛，但是在盡力修補關係和學習再次信任之後，她簡直不敢相信朗尼竟然再度外遇。

「到底怎麼回事？」她自怨自艾起來，「我沒有盡我所能讓他開心嗎？要是他走了，那我該怎麼辦呢？我不懂得管錢，不會修剪花木、也不曉得要怎樣送修汽車，他明明知道我有多麼需要他！但是他卻再也不肯跟我說心裡話，我根本不知道他腦袋裡怎麼想的，也不知道他有什麼感覺。」

在有回家的夜晚，朗尼通常會抓一瓶啤酒，打開電視看六點的晚間新聞，吃完晚飯以後，他就進到書房工作，不然就是讀一本小說，再不然就是到車庫裡敲敲打打弄這弄那，他和凱蒂每週共度魚水之歡兩、三次，通常雙方都頗為滿意。

就在這一晚，他注意到凱蒂雙手顫抖眼眶泛紅，心想：「喔——喔，我得小心點，不然又要吵起來了。」他挺起肩膀大步跨過客廳，打開電視機，電視才看到一半，一張泛著香味的薄薄信紙飄過肩頭，落在他的膝上，他僵住了。這時，他才想起他把信忘在西裝口袋裡。

不等凱蒂開口，他就大吼：「該死！你就非要愛管閒事！整天在我旁邊鬼鬼祟祟打轉，我都快被活活悶死了，我要走了！」他甩上了門，衝出屋外，只留下滿腔怒火、渾身顫抖的凱蒂，她看著他逃離的背影，汽車駛遠的聲音傳進了耳裡……。

這類的故事可以套用在一段令人感到痛徹心扉的戀愛關係，就算沒有出軌，卻存在著別種破壞親密關係的因素；也或許是為人父母者，百般想讓青春期的孩子脫離毒品；又或是個孝順有加的兒子，一心一意想贏得父親的關愛和注意；也可能是一個屢屢受到摯友傷害的女人，不管她多麼喜愛和依賴對方，對方卻無法隨傳隨到……這些故事都有個共同點：其所描述的都是痛苦不堪的成癮行為，執著於特定類型的對象。但這個對象對於這些一心一意投注在他們身上的奉獻，卻似乎無法給予回應。我們便稱這樣的上癮過程為「戀愛成癮」。

戀愛成癮者與其伴侶所形成的關係

《當愛成了依賴》一書共有三個目的：⑴描述戀愛成癮者和他百般糾纏卻不予回應的對方，這個對方，以下將稱為避愛者，同時也描述兩者之間創造出的上癮過程；⑵描述從戀愛成癮復元的歷程；(3)描述健康關係的特質，以及對於健康的關係，人們常懷抱哪些不切實際的期待。

這本書是教育工具書，也是復元工具書，無論你本身是戀愛成癮者，或者另一半是戀愛成癮者，本書都可以派上用場。

首先，我們會檢視戀愛成癮的典型徵狀，並且與基礎的共同依賴加以區別；我們會略加檢視童年經歷，瞭解它如何塑造一個人具有戀愛成癮的傾向，並瞭解當戀愛成癮者接近另一個人在展開關係時，將經歷什麼樣的情感循環。我們也會檢視在上癮過程的後期，患者日益嚴重的挫折、痛楚以及自我挫敗（self-defeating）的行為，並且探討共同依賴的症狀，對於戀愛成癮者的相處方式有何影響。

再來，我們將探討避愛者的典型徵狀，這種人深深吸引了戀愛成癮者，並檢視避愛者在與戀愛成癮者互動時，經歷何種情感循環，看看避愛者的共同依賴症狀會帶來何種影響，以及一些塑造個人成為避愛者的童年經驗。

然後，我們會探討「共同成癮關係（Co-addicted relationship）」——這種毒害彼此的關係，源於這兩個上癮的共同依賴患者彼此之間的互動。這種關係就好比一種上癮過程，且絲毫不下於酒癮、藥癮、或任何其他的癮頭。因為在雙方的親密互動中，他們不由自主地出現著迷和強迫行為，即使這種行為對自己沒有好處，但他們雙方的互動幾乎可說是毫無自制力。

戀愛成癮或共同成癮關係，應該與共同依賴區別開來，需要在共同依賴的治療外，另外安排一個單獨的治療計畫。

先行治療共同依賴，似乎是有效復元戀愛成癮不可或缺的前提。因為，假使共同依賴的症狀沒有獲得足夠的治療，戀愛成癮者是辨認不出何種動力驅動了戀愛成癮，也談不上戒除關係中具有上癮性質的部分，並且忍耐戒斷過程。

戀愛成癮的復元歷程

我建議戀愛成癮者採取以下的復元歷程，一共包含三個階段：(1)從戀愛成癮這個特定病症復元；(2)伴隨著從戀愛成癮復元，也要從共同依賴復元；以及(3)學習將健康關係的資訊應用在自己的生活中。除此之外，本書也提供了避愛者復元的相關資訊。

經歷過共同成癮關係的人，幾乎都不曾在生活中親身體驗過健康的關係。無論是來自孩提時代的照顧者，或是成年後遇見的任何人士。所以，即使戀愛成癮者和避愛者眼見自己過往的作法多麼具毀滅性、充滿虐待又令人上癮，他們也幾乎不曉得該如何親近且適當地與人來往、相處。

因此，我們會描述健康關係的特徵與行為，以及培德．梅樂蒂所提供的實用建議，他提出了幾項自找麻煩又不切實際的期望，是許多人在論及復元期的關係應該如何時，常有的一些想法。

——派雅．梅樂蒂

第一部

戀愛成癮者及其人際關係

分辨共同依賴與戀愛成癮

所謂的戀愛成癮者，依賴、黏結且強迫性地專注於照料另一個人，這種情況時常被解讀為共同依賴（codependence），但我認為共同依賴的問題範疇更加廣闊而根本；儘管罹患共同依賴可能導致某些人成為戀愛成癮者，但並不是所有的共同依賴患者都是戀愛成癮者，以下將加以解釋。

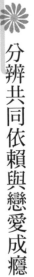

共同依賴的病程

共同依賴是一種心靈不成熟的疾病，源自於兒童時期所受的創傷，這種患者不成熟而幼稚的程度，已經妨礙到正常生活；根據《多蘭醫學辭典》，所謂病程，就是「一段絕對病態的過程，具有一系列典型症狀，可能會影響到全身或是身上的任何一個部位，而它的病原（成因）、病理、以及預後，可能是已知或未知」。對於共同依賴特有的一系列症狀，我稱為核心或主要症狀，這些症狀描述了共同依賴患者為何無法與自身安然相處，以下即為共同依賴的主要或核心症狀：

1. **難以感受適當程度的自尊心，意即難以喜愛自己。**
2. **難以對旁人劃設機能健全的界線，意即不懂得保護自己。**
3. **難以認清自身現實，也就是無法認識自我，不知道該如何適度與他人分享自我。**
4. **難以顧及自我與他人的成人需求和欲求，也就是不懂得自我照顧。**
5. **難以體會並且適度表達個人現實，也就是行為舉止容易不符年齡、不合時宜。❶**

除此之外，還有五種次級症狀，反映了在共同依賴者的心中，其他人的行為是如何導致他們無法擁有一段健康的關係；這些次級症狀所代表的錯誤觀念，引發了共同依賴者的人際問題，但是，這些症狀都是源自於核心問題。這五種次級症狀包括⑴負面的控制、⑵憎恨、⑶靈性受損、⑷成癮行為或者身心疾病，以及⑸親密困難。

1. 負面的控制

共同依賴者若不是⑴意圖控制他人，告訴對方該當個怎麼樣的人，才能讓他覺得舒服，就是⑵允許他人控制自己，支配他該當個怎麼樣的人，好讓對方覺得舒服。而無論是哪一種負面的控制，都在受控的一方身上引發負面反應。這些負面反應使共同依賴者對對方產生怨言，因為他們無法真心接納自己。

2. 憎恨

共同依賴者利用憎恨保護自己、贏回自尊，卻是徒勞無功。一旦覺得自己受害，就會強烈感受到兩件事：自尊、傲氣或價值感低落，並且亟需找到一個方式來停止這種情況。

憤怒可以提供給人力量感、活力感，假使程度拿捏得宜，憤怒能賦予力量，採取必要行動來保護自我，但當我們回收憤怒，再加上對於懲罰或復仇有執著，就會陷入憎恨。無論我們是否真的實踐任何真正的懲罰或復仇，只要有這種欲望，就已經算是憎恨。憎恨會削弱患者本身，因為我們不斷在心中重演受害的過程，這樣的舉動帶來了痛苦情緒，例如恥辱、隱藏心中或未能妥善宣洩的憤怒，還有壓抑的挫折感。責怪他人阻礙共同依賴者的人生，憎恨就是關鍵。而不滿他人的背後，其實是因為他無法設定健康的心理界線來保護自己。

3. 靈性受損

若不是出於仇恨、恐懼或崇拜，共同依賴者會臣服於他人，或企圖在他人生活中要他人臣服於他。無論患者本身有否覺察到這件事，這個次級症狀都相當令人痛苦，損害健康，並影響健全發展。

4. 成癮行為或者身心疾病

面對現實的能力，直接涉及與自我建立健康關係的能力；換句話說，就是要愛自己、保護自己、認識自己、關心自己、調整自己。唯有以健康的心態重視自己，才能看清自己與別人，明白在我們的生命中，何者才是至高無上的力量，並看透此刻處境的現實狀況。發展出這些能力與覺知，就是走出共同依賴的關鍵。然而，我們若是內在關係失能而無法自我肯定，痛苦就會在內心、人際關係，以及與至高無上力量的關係中滋長，帶我們走向上癮過程，以求迅速減輕痛苦。

因此，我認為，具有成癮行為的人可能也是共同依賴者。相反地，共同依賴患者極可能有一種以上的上癮過程或著迷／強迫歷程，而這個次級症狀，就是共同依賴與其他成癮行為間——尤其是戀愛成癮——最主要的關連。戀愛成癮者因為與自身的關係失敗，內心往往不自覺感到痛苦，卻將這份失敗歸咎他人，於是轉而尋覓某種親密關係，相信另一個人能夠也應該撫慰他們內心的痛苦，毫無條件地付出愛與關懷，並且照顧他們。

5. 親密困難

要達到親密，必須分享自己的現實、接受對方的現實，並且雙方都不會去評斷彼此的現實，或企圖改變那份現實；共同依賴患者如果有難以認識自我（自己的現實）並作適當分享的核心症狀，就無法建立健康的親密關係。因為，**親密指的就是分享彼此的現實**。若無法分享健康的親密關係，共同依賴者就無法從不成熟的知覺中抽身離開，持續在人際關係中面臨痛苦的問題。

應該要先戒除成癮行為，還是共同依賴？

許多人都患有共同依賴症，並且耽溺於一種以上的癮頭，於是一個問題常隨之衍生——應該優先處理何者？

由於要走出共同依賴，必須學習以日益成熟的態度去面對現實。但在我看來，某些成癮行為強烈到治癒和欺瞞了現實情況，導致人們難以處理自身的共同依賴。這些令人無法認清現實的強烈上癮過程至少有四種，倘若某人沉迷其中，這些癮頭必須優先加以處理，而後才能有效處理共同依賴的問題。這四種成癮行為包括：

- **酒癮及藥癮**
- **性成癮**
- **嗜賭**
- **嚴重飲食失調（重度厭食症、暴食症、或暴飲暴食）到幾近致命的程度**

而待共同依賴症的核心症狀復元到某種程度時，患者若還有其他不同的成癮行為，他對那些癮頭的否定也就潰堤了。在某些案例中，人們意識到自己其實只是改變癮頭。舉例來說，喬雖然逐漸戒除掉酒癮，體重卻增加了四十磅，他發現自己不喝啤酒後，改成狂吃冰淇淋，這便是培養出了新的食物上癮。另外一些案例中，雖然某種癮頭始終存在，但隨著逐步復元，人們漸漸能接受去面對現實（核心症狀三），因此能找出自己對何上癮。來看個例子，葛雯的厭食症逐漸痊癒，最終明瞭自己一直以來老是透支存款、刷卡刷到上限，不然就是三番兩次向父母親友調頭寸以維持生活。在葛雯走出了共同依賴症後，如今她終於能坦然承認自己消費成癮。無論出於何種原因，人們往往將需要治療的才視為上癮。而容易被忽略的癮頭則包括有：

- **戀愛成癮**
- **還不足致死的飲食失調（我稱之為「自我感覺良好的肥胖」）**
- **工作狂**
- **負債、消費成癮**

- 宗教上癮
- 尼古丁成癮
- 咖啡因成癮

戀愛成癮者與其選擇的伴侶

因此，對共同依賴者而言，戀愛成癮這種現象要能浮出檯面，首先要針對共同依賴的核心症狀下工夫。正視戀愛成癮可能會令患者情緒嚴重不穩定，因為在這種情況下，會特別強烈地去抗拒錯覺與否定。

我在戀愛成癮中所見到那種痛苦難解的模式，呈現在兩方之間的關係中，雙方都具有特定而明確的特徵；其中一方全神貫注於伴侶及這段關係上，另一方則企圖迴避這段關係中的親密連結，手法通常是沉溺於某種癖好或採取某種能引發張力的歷程。我稱前者為戀愛成癮者，後者為避愛者❷；而他們彼此間形成的關係，我稱為共同成癮關係。

共同成癮通常存在於夫妻之間，但是這種問題幾乎可以存在於任何真實或幻想的兩方關係中：父母對兒女、朋友對朋友、諮商師對客戶、老闆對員工、甚至個人對公眾人物或與流行偶像之間的幻想關係（即使戀愛成癮者可能從沒親眼見過對方）。

共同成癮並非奠基於健康的愛情，而是建構在極端的正面張力與負面張力上。尤其是戀愛成癮者，在面對這段關係時，可能會歷經著迷、強迫的感覺、念頭以及行為，同時並伴隨著劇烈情緒，包含憤怒、恐懼、痛恨、欲望與所謂「對另一半的愛」。在下一章，我們會更詳細地檢視戀愛成癮者的典型特徵。

1．詳見派雅．梅樂蒂與安姬雅．米勒、凱斯．米勒合著的《走出病態互依的關係》（光點出版社）。

2．細數起過往的依存關係時，我感覺所有的另一半都陸陸續續離我而去，我總是看見他們離去的背影，於是在演講中，我想出「離去的背影」一詞，指涉擁有這些特徵的另一半。我的朋友麥可．史考特也是治療師，他發明出「避癮患者」一詞，以指涉戀愛患者的另一半，我在本書初版時就採用這個詞彙。

雖然在這次改版中，我改為「避愛者」一詞，但在發展這些概念的過程中，麥可的建議對我有極大幫助。

戀愛成癮者的特徵

戀愛成癮者主要的行為症狀，可以歸結為下列三點：

1. 戀愛成癮者分配過量的時間、注意力、和重視對方大過自己，而且這樣的事一裡通常具有癡迷的特質。

2. 戀愛成癮者有不切實際的期待，希望關係中的另一方給予無條件的積極關懷。

3. 身處一段關係之中時，戀愛成癮者會忘了照顧或重視自己。

雖然以我的觀察，戀愛成癮最常發生在情侶關係的女方，但男性也有可能成為戀愛成癮者。一個人也可能在其他種類的關係中，以戀愛成癮者的模式與人相處，例如對父母、兒女、岳母、諮商師、密友、宗教領袖、戒癮十二步驟療法（Twelve-Step program）的幫助者、心靈導師或電影明星。

有意識的恐懼與無意識的恐懼

除了這三樣特徵外，戀愛成癮者常受制於兩種主要恐懼，最常意識到的恐懼是「被單獨拋下」。戀愛成癮者幾乎願意忍受任何事，只求不被拋棄，這份恐懼源自於何種類型的童年經歷，將稍後於本章描述。

諷刺的是，儘管戀愛成癮者不願意被拋下，希望能與某個人保持安安穩穩的關係，但他們意圖建立的這種密切而苛求的連結，事實上是一種黏結，而非健康的親密關係——這是他們的另一份恐懼，至少是份無意識的恐懼。他們否認的這份恐懼同樣來自童年經歷，不是實際遺棄，就是情感遺棄，甚至同時出現在兩個層面；**戀愛成癮者沒有從拋棄他們的照顧者身上體驗過足夠的親密感，以至於不曉得該怎麼建立健康的親密關係**。

因此，等到成年後，戀愛成癮者往往以為自己與人親近，而且尋找的也是親密的關係，但事實上，戀愛成癮者對健康的親密關係卻是嚇壞了，因為他們根本毫無頭緒；一旦與另一半親近到某種程度，他們就開始內心慌亂，做出再度拉開彼此距離的行為。

這兩份恐懼——恐懼遺棄和恐懼親密——導致戀愛成癮者陷入痛苦不堪又自找麻煩的

困境中；戀愛成癮者明明意識到自己想要親密，卻又無法忍耐健康的密切關係，所以他們必須不自覺地選擇無法建立健康親密關係的另一半。

上癮的力量：投入過久，重視過多

從共同依賴復元時，我們不再否認自己沉迷於某種物質或強迫行為，會意識到這個癮頭已經控制了我們，比我們的意志力還更強大。無論對什麼上癮，起初都使我們感覺良好，但最終卻讓我們感覺變差。

也許是因為不良後果帶來了痛苦，也許是因為某人下達通牒，逼得我們去檢視自己此刻的作為，我們或許會決定戒掉這個東西，或是停止這種強迫行為，卻只發現自己停不下來，終於痛苦地明白我們受制於某種自己駕馭不來的東西，某種對我們意外地有強大力量的東西。從這個概念來看，我們可以說，這個上癮過程對我們的效果，已經形同至高無上的力量。

直到我們終於能承認自己對這上癮過程無能為力，承認只要涉及這件事，就對自己也同樣無能為力，而人生也變得無法駕馭。這時，復元之路才得以開始；認清事實、承認錯誤，就是任何一個戒癮十二步驟療法中步驟一的重點❶。

評估是否上癮的步驟，可以應用在戀愛成癮上面，這個病症最顯著的特徵，可能就在於分配過多時間和過度重視另一個人。戀愛成癮者的眼中，幾乎只看得見愛戀的對象，他們癡迷地想著、想跟對方在一起，只想碰觸、聆聽以及與對方說話，也希望被對方照顧和捧在手掌心上。

一開始，這段關係讓戀愛成癮者開心，他們佩服另一半的種種優點，尤其佩服對方的能力，進而認為這個人比自己更優越，或者力量更強大。一旦當他們如此認為，就會給對方更多力量，甚至超越了對方實際擁有的程度，並且因此期許另一方從這無常人生中拯救他們，保護他們免於痛楚或毀滅，能夠照料與呵護他們。

戀愛成癮者視另一方無所不能，就是把對方當作至高無上的力量，就好比對酒鬼而言，至高無上的力量是酒瓶；對有毒癮的人而言，就是毒品；對工作狂而言，就是工作上的體驗了。

到了最後，雖然戀愛成癮者竭盡心力操縱對方，以求對方符合他們創造出的內心形象——也就是以戀愛成癮者渴望的方式來照顧他們、疼愛他們——但他們卻一而再、再而三地失望，因為沒人能滿足這種貪得無厭的欲望。於是，當這段關係開始變得折磨，痛苦到一定程度後，戀愛成癮者會決定結束這段關係，卻發現自己既不能忍受對方，也不能失去對方。

戀愛成癮者不只對另一半抱持著錯誤信念，同時也為了反覆失望而憤怒不已，因為另一半的行為並不符合他們的期望（當個至高無上的力量），所以戀愛成癮者開始以種種毒害關係的爭執挑釁來回敬，反擊他們眼中另一半存心失敗的行為。

許多人都以為共同依賴者就是一個依賴、黏結、過度照顧對方的人，其實稱這種情況為「戀愛成癮」應該更適切。不是所有的共同依賴患者都把對方視為至高無上的力量，有些豎立心牆隔絕人群，有些則侵犯、觸怒和控制他人，並沒有打算與對方建立親密關係。

我相信，把另一個人視為至高無上的力量，就是戀愛成癮的關鍵核心，這是種自成一格的上癮過程。不管是為了一勞永逸地擺脫共同依賴還是戀愛成癮，我們必須要尋求適當的至高無上力量，這股超越我們的力量，不是另一個人，而應該是能提供指引、慰藉和寧靜的一股力量。

在戒癮十二步驟療法的架構內，靈性的成長讓我們與真正更為強大的力量連結，因此我們能夠獲得需要的協助，彌補自身瑕疵、軟弱和無力改變，也引導我們解決內心掙扎，面對每個人都會遇上的日常煩惱。

不切實際地期待無條件的積極關懷（愛）

戀愛成癮的另一個有力特徵，在於戀愛成癮者期望對方無時無刻都給予無條件的積極關懷，這點反映出戀愛成癮者極度缺乏自尊。

相較於一般人，戀愛成癮者通常嚴重質疑自我價值，所以他們更加渴望和積極尋覓無條件的積極關懷，以治療他們受傷的自尊心；就像酒鬼在酒瓶中尋找安慰、工作狂藉由不斷忙碌或獲取成就以得到安慰那般，戀愛成癮者在一段關係中尋找足夠的無條件積極關懷，以求減輕自尊極度低落所帶來的痛苦（與共同依賴相關）。

悲哀的是，戀愛成癮者經常受到避愛者吸引，對方只想逃避承諾和健康的親密關係，而且極度耽溺於酗酒、工作或性等成癮行為。戀愛成癮者往往落得在避愛者無法駕馭人生、一團混亂之際，替對方收拾殘局。但是「不得不這麼做」又令戀愛成癮者怒火中燒。由於戀愛成癮者只要浮現孤單的念頭就無法忍受，只得繼續待在這段關係中打理一切。然而這份怒氣，常常使他變得控制欲強且態度惡劣。雖然留在關係裡也不開心，但因為害怕被遺棄，也因為他們對於被拯救、關懷、保護的欲望都沒能獲得滿足，所以他們無法離開。

忽略了照顧和重視自己

戀愛成癮者一旦步入一段共同成癮關係，就會減少重視和照料自己。我發現，不管在任何情境下，多數的戀愛成癮者都不曉得如何妥善照顧和重視自己。因為患者認為，照顧自己是別人的責任。於是，和別人展開一段關係時，患者會期許這個人來重視和照料他們，至於從前他們為自己所做的種種，都會隨之減少。

我聽過許多女性戀愛成癮者說：「我不談戀愛的時候，還蠻獨立自主的，我可以收支平衡、送修汽車、均衡飲食、處理絕大多數的問題，甚至多數決定都下得挺不錯。大部分時候，我對自己的意見都頗為滿意；可是只要開始戀愛，我就會完全走樣。」

不但期待他人的無條件積極關懷很不理智，期待一個想逃避親密關係的人來照顧我們，更是顯得荒謬。戀愛成癮者的偏差想法是，另一半會給予無條件的積極關懷和照顧。而會有這種想法，是因為患者正體驗著失敗的自我關係（與共同依賴相關）。

戀愛成癮者童年的受虐經驗

我開始相信，人們之所以罹患戀愛成癮，是來自童年遭受遺棄那份尚未癒合的痛楚。患者感覺生活在這世上如此不安全，除非能依靠著某人，他們緊緊抓住一個堅定的妄想，認為另一半有力量照顧、肯定他們，而且莫名地可以使他們的人生完整。他們不斷想要避愛者符合自己不切實際的內心形象，但這樣的堅持卻嚴重毒害了關係。

通常來說，戀愛成癮者不曾從照顧者身上得到足夠而適當的情感連結。很有可能，在童年就經歷了中等至嚴重程度的遺棄或忽視；對於兒童來說，要感受到愛很簡單，只要有人照顧他們就夠了。

照料本身就傳達出一個訊息：「你很重要，沒有你不行，你是受人疼愛的。」我相信，孩子如果沒有從父母身上得到足夠的情感連結與呵護，自尊就會產生嚴重問題。

戀愛成癮者往往在童年經歷大量而深切的痛楚、悲傷以及劇烈的失落感。由於照顧者沒有照料這些孩子，他們內心有一部分被剝奪了成長茁壯的機會。而這份痛楚和悲傷，我稱為「寶貝的痛苦（the pain of the precious child）」，這是相當深刻的，甚至可以追溯到最早期的意識記憶之前。

在孩提時代，戀愛成癮者便感受到龐大的恐懼，他們無法與照顧者產生連結，內心感到萬分無助。諮商的時候，患者常描述這種童年的恐懼就好比不能呼吸，彷彿被切斷氧氣供應，真的就要死去一般；或是內心感到空虛，沒能從照顧者身上獲取呵護，並且由於沒有人願意呵護這個孩子，他們變得無法真正去做自己或喜歡自己原本的樣子。除此之外，很多患者都心懷怒氣，因為他們的需求沒有獲得滿足。這些孩子總會在忽然一瞬間意識到，自己其實遭受虐待。

這種兒童時期的嚴重分離，也就是遭受忽視或遺棄的原始經驗，對孩子具有毒性的影響，並且一路延伸到成年以後。原始的遺棄經驗尤其充滿痛苦、恐懼、憤怒、羞愧和空虛，而這些孩子沒有宣洩情緒的地方，他們會把情緒累積在心裡，直到成年後面臨被拋棄的威脅，或者真的被拋棄時，累積多年的情緒受到刺激，終於一次爆發。

在這些孩子中，有許多人曾短暫或有限地與人產生連結，例如和祖父母一起，讓他們從遺棄所帶來的痛苦、恐懼、憤怒和空虛中得到紓解。然而，這樣可能只會使問題惡化，因為這件事告訴了他們，就是要透過與他人的連結，才能舒緩這種痛楚。

就算是在兒童時期，戀愛成癮者也渴望連結、隸屬於某人，藉由與（患者認為）能填滿他們破了洞般的空虛心靈、祛除他們不足感的人聯繫，他們才終於可以感到安全。他們要找的那個人，能減輕他們因為原始的遺棄經歷而產生的壓力；成年之後，幾乎任何人都能充當這個角色：愛人、父母、朋友、兒女、諮商師、牧師。就算對方沒有這種強大力量，那也無所謂，戀愛成癮者會賦予這個人足夠的虛構力量和無條件的愛，好填補戀愛成癮者的缺憾，滿足他快樂的妄想。

幻想拯救者誕生

這些孩子要逃避父母嚴重遺棄所引起的痛苦，其中一個方式，就是幻想某種英雄前來拯救，小女孩想像的可能是身披閃亮盔甲的武士，愛上她後，藉著與她共譜戀曲來展現愛意，使她的生命充滿意義。這種幻想，往往很像故事《睡美人》。故事中的睡美人靜靜沉睡，感受不到自我，也感受不到外界，直到白馬王子給予重生之吻，終於讓她甦醒。孩子常沉醉在這種幻想中許久，整個心情都為之好轉。我小時候就時常幻想身披閃亮盔甲的武士，動輒就是好幾個小時；情緒低落的時候，我就在腦海中上演這齣幻想，不出十分鐘，就能心情變好，並且持續至少兩、三個小時。

我認為，如果我們在腦海中放入一張美好畫面，想著它，就能刺激出情緒反應，進一步釋放出腦內啡。腦內啡確實能舒緩痛苦的情緒，產生飄飄然甚至極度快樂的感覺。這些孩子開始相信，只要能與這樣的英雄產生連結，她們就能像睡美人一樣，最終活了起來，得到保護、受到重視。

對戀愛成癮的男性來說，拯救他們的通常是某位洋溢母性光輝的女性；而對同性戀者而言，則是另一個同性別的人。隨著他們長大，這份幻想就在潛意識中越來越根深蒂固，即使成年之後，他們仍然在尋覓那個能滿足自己救援者幻想的人。

這個觀念受到今日羅曼史小說、電影、情歌的強化，許多人都深受影響。有些人甚至會說：「與這樣一個英雄相戀，總是有可能的吧？不然怎麼會有這麼多電影、書籍和歌曲都在描繪這種主題呢？」這種思路的問題就在於，那些書籍、電影所描述的關係反映出的，其實是不健康的關係，奠基於張力、錯覺和不切實際的期望，而非成熟健康的愛情。

深植內心的無助感或忽視感

為人父母遺棄或忽視孩子時，孩子會接收到這則訊息：「我不想照顧你，因為你不值得。」被遺棄的孩子無法從外界得到呵護或肯定，因為照顧者拋下了他們，而他們也沒辦法呵護或肯定自己；因為他們年紀太過幼小，沒有人教過他們何謂「健康的」呵護。因此，幾乎所有的戀愛成癮者展開成人關係時，內心都深植著一股缺陷感和無價值感，並且深信他們無力照料自己，這點直接來自於父母親當初的遺棄。伴隨而來的，通常是一份虛妄的幻想，以為某位白衣騎士會前來拯救，滿足遺棄造成的極度渴望。但美國文化卻鼓吹這種觀念，尤其還支持女性去相信這點，更促使問題惡化。

而且，遺棄或忽視對戀愛成癮者造成的另一個影響，就是深信如果在一段關係中，他們若不緊緊依靠對方，就會活不下去，這一點加強了戀愛成癮者在共同成癮關係中缺乏界線的行為，使得避愛者感覺快要窒息。

戀愛成癮和共同依賴的區別

我們經營生活的概念，來自於與照顧者之間的連結方式，遭受遺棄的經驗告訴了孩子他們毫無價值，也讓他們對於如何照料自己產生扭曲的感受，孩子的天性特質若未受到呵護，便會發展出機能失調的應對行為，展現出第一章所列舉共同依賴五項成年後的主要症狀。因為照顧者在生活的基本議題上，沒有妥善協助孩子，好比自我照料和健康的人際相處技巧，使他們會發展出遺棄和虐待的行為。

第一項和第四項核心症狀，在戀愛成癮者身上尤其常見：自尊心低落，以及無法妥善照料自己❷；第三項核心症狀，也就是對現實（對方是什麼樣的人）有著扭曲的思考，也是徵狀之一；至於其他兩項症狀，雖然很明顯，但相較之下沒那麼顯著。

共同依賴的痛苦過於強烈時，許多人會轉而沉溺某種癮頭，以求療癒這份痛楚，因為我們不知道該如何紓解痛苦。我們找到某樣東西、強迫行為或是另一個人，以減輕無法與自我和諧共處的痛苦。如果這樣東西、強迫行為或是這個人，確實達到了效果，我們就會繼續下去，即便不良後果越來越常出現，最後，我們終於對這樣東西、強迫行為或這個人上了癮。而上癮的功能，就是為了抹除無法忍受的現實。

人們常說，我們要不是上了癮，就是得了共同依賴。但我相信，絕大多數人都是上癮的共同依賴患者，沉溺於癮頭之中，以求舒緩未經治療的共同依賴所帶來的痛苦。

步入一段關係時，我們之中有些人很可能會做出戀愛成癮者的行為，一心想平復那源自根基的痛苦：未經治療的共同依賴狀；結果，卻陷入一段痛苦的關係，而且幾乎無法走出來，因為這些關係確實能減輕一些空虛帶來的痛苦。

因此，強迫行為與上癮相關，而個人試圖抹除的痛楚和壓力則來自共同依賴，我常常發現共同依賴患者酗酒、飲食失衡、服用藥物、信仰宗教、沉迷賭博、熱衷工作或耽溺於關係之中，以試圖移除這些痛苦和壓力。

所以，不是所有的共同依賴患者都是戀愛成癮者。戀愛成癮者找上一個對象，或在一段關係中出現強迫行為，作為他選擇的藥物，好移除自我關係不良產生的痛苦，也就是共同依賴中所描述的核心症狀；其他的共同依賴患者則藉由不同形式的成癮行為，來舒緩痛苦，因此被稱為酒鬼、暴食症患者、厭食症患者、性成癮者、宗教上癮者、工作狂等等。

共同依賴使人無法以健康的心態喜愛自己；至於那些被強迫驅使著，拚命要別人告訴他們「自己值得被愛也是真的被愛的」，則被稱為戀愛成癮者。

戀愛成癮者深信，另一方能夠而且也會照料他們。這個想法，源自於成年共同依賴患者的第三症狀與第四症狀：難以認清自身現實，以及難以妥善安排個人的需求及欲求。

另一方面，對另一方迷戀執著，朝思暮想，只想待在對方身邊，無論在情感上、肢體上，任何層面都想緊緊黏著對方，則是戀愛成癮的一部分。

1．在本書第十五章，我們會練習寫下治療戀愛依存症的步驟一。

2．進一步瞭解核心症狀、次級症狀，以及童年經驗如何造成這些症狀，請參見派雅·梅樂蒂、安妮雅·米勒、凱斯·米勒合著的《走出病態互依的關係》第二、三章。

戀愛成癮者的情感循環

典型的戀愛成癮者在遇上別人時，會展開一段情感狀態的循環，他們一心想實現童年的拯救幻想，否認或忽視另一半的不當行為，內心卻感到挫折與失敗感。由於似乎怎麼做都徒勞無功。因此，他們會更加努力，終於認清了另一半的不當行為，於是出現迷戀與強迫行為，然後又從頭開始，對這段關係再度懷抱幻想。每重演這個模式一次，戀愛成癮者就會中毒越深（避愛者也不例外，將於後文詳述）。

循環模式

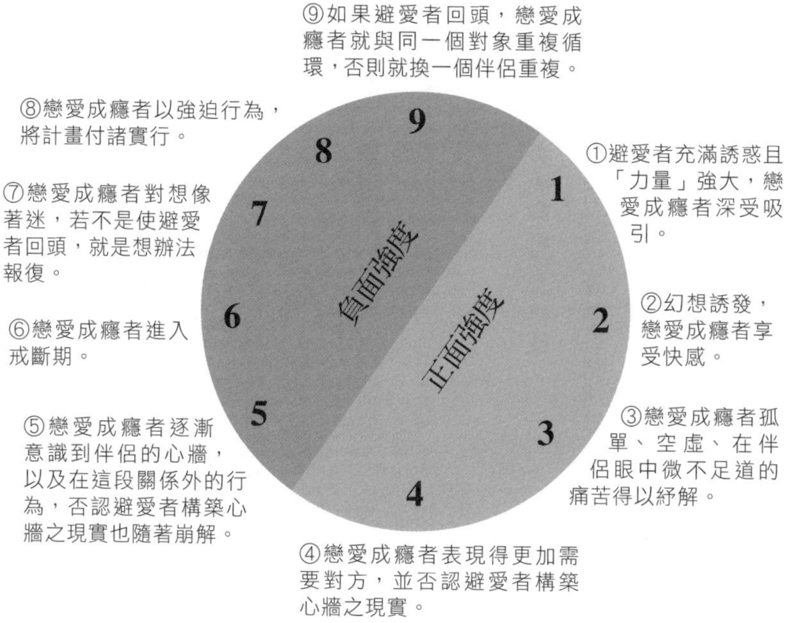
⑨如果避愛者回頭，戀愛成癮者就與同一個對象重複循環，否則就換一個伴侶重複。
①避愛者充滿誘惑且「力量」強大，戀愛成癮者深受吸引。
②幻想誘發，戀愛成癮者享受快感。
③戀愛成癮者孤單、空虛、在伴侶眼中微不足道的痛苦得以紓解。
④戀愛成癮者表現得更加需要對方，並否認避愛者構築心牆之現實。
⑤戀愛成癮者逐漸意識到伴侶的心牆，以及在這段關係外的行為，否認避愛者構築心牆之現實也隨著崩解。
⑥戀愛成癮者進入戒斷期。
⑦戀愛成癮者對想像著迷，若不是使避愛者回頭，就是想辦法報復。
⑧戀愛成癮者以強迫行為，將計畫付諸實行。
1
2
3
4
5
6
7
8
9
負面強度
正面強度

圖 1：戀愛成癮者的情感循環

順時針方向為發展進程，並以數字表示。

1. 避愛者充滿誘惑且「力量」強大，戀愛成癮者深受吸引

戀愛成癮者遇上一個能吸引他們的人，那個對象通常事務繁雜，並且似乎將生活安排打理得相當好，這個人的強大力量吸引了戀愛成癮者。正如我們所見，戀愛成癮者被塑造成相信自己無力照料自己，必須找人代為照顧。此外，如果對方是個避愛者，他便會將自己隱身於誘惑之牆的後方，令戀愛成癮者感到格外與眾不同，於是戀愛成癮者對愛的需求就被誘發了。

通常，被這種上癮關係吸引的人，都說是「一見鍾情」。我想，我們在一見鍾情時應該要小心一些。事實上，這可能是「一見上癮」！

2. 幻想誘發，戀愛成癮者享受快感

戀愛成癮者和力量強大的避愛者展開關係時，心境就回到了童年時期的拯救幻想中；對女人而言，拯救者是某種形式的「身披閃亮盔甲的武士」，並且對她深情款款；而對男人來說，對方似乎就是個一往情深的「超完美女性」。

不管是哪一種情況，這個雀屏中選的拯救者也展現出他們的愛意，一開始往往與戀愛

成癮者產生強烈連結，終於讓戀愛成癮者的人生富有意義且生意盎然。戀愛成癮者看不到真正的對方，只看見童年時期心中的幻想，他們全心全意投注在這個幻想形象，就像把一張漂亮的面具戴在真人的臉上。

戀愛成癮者將童年時期對拯救者幻想的種種特質，全盤投射到伴侶身上，無論是對方的優點還是缺點，戀愛成癮者都忽視了現實情況，真心相信對方具有幻想中拯救者的特質，並且很快就會以鋪天蓋地的愛情與關懷，打造出一個完美人生。

即使戀愛成癮者感覺避愛者力量強大，但事實則不然。我們會在下一章看到，這些雀屏中選的伴侶也是上癮的共同依賴患者，藉由成癮行為來逃避親密關係，但戀愛成癮者卻看不清現實。

戀愛成癮者發展的並不是成熟的親密關係，而是企圖黏結、融合、徹底與對方合為一體。他們幾乎沒有別種親近模式，因為戀愛成癮者的需求是如此無窮無盡，一切都是來自童年那痛苦的遺棄經驗。

戀愛成癮最令人玩味的地方，在於戀愛成癮者一心要讓伴侶瞭解他們長久以來心存的幻想，並且依樣照做。可是一旦伴侶不從，他們所衍生出的挫折與憤怒就會非常強烈。

我自己曾經就是戀愛成癮者。那時候的我，簡直就是不可思議，只看得見自己想看的，卻看不見真正擺在那裡的是什麼。在一段關係開始時，我已經想好伴侶未來的模樣，而且也堅信他絕對會如我所想，這就是戀愛成癮者的蜜月期，有些人稱之為「浪漫成癮（Romance addiction）」。

戀愛成癮者在腦海中上演這些幻想，於是在情感上、肢體上、精神狀態上，都體驗到一陣美妙快感。如果這是一段情侶關係，那麼雙方的性關係可能會十分美妙；此時的戀愛成癮者快樂沉浸在浪漫思緒中，不時穿插著猶如童年感受到的那份愉悅情緒。而這份幻想，最初是用來逃避那被遺棄的無情現實。

3. 戀愛成癮者的痛苦得以紓解

在腦海中上演幻想而產生快感，舒緩了現實帶來的痛苦。那份痛苦或許是被拋棄、或許是感到空虛，也或許是沒能以自己希望的方式被愛。

情緒紓解時，戀愛成癮者就會創造出更多幻想，覺得自己受到重視，完整又滿足。他們相信，自己確實找到了夢寐以求的那個人：不管是無法自我照料、還是空虛寂寞連自己都不愛自己、在這偌大世界無依無靠，缺乏安全感等問題，都將因為對方而獲得救贖；戀愛成癮者相信，他們終於找到了令自己完整的那段關係。

這段過程通常被稱為「浪漫情事」，在當前社會中相當普遍，戀愛成癮者將幻想強加於對方身上，但對方完全沒有能力實踐這份幻想，無論在情感上還是實際上都將遺棄戀愛成癮者，並沉溺於這段關係以外的癮頭。

4. 戀愛成癮者表現得更加需要對方，並否認避愛者構築心牆之現實

戀愛成癮者漸漸感到安全後，便會表現得更加需要對方，但是這種情況出現後，避愛者就會加速逃離，顯露出越來越多跡象企圖疏遠戀愛成癮者；就算戀愛成癮者逐漸觀察到蛛絲馬跡，心知避愛者百般疏遠，他們也會忽視或否認伴侶的心思已經不放在這段關係上了。因為藉由這樣的否認，戀愛成癮者才能避免被排拒的揪心痛楚。他們忽略或低估明顯的徵兆，原諒避愛者的行為。

「他現在太忙了，因為現在是秋季大拍賣。」太太這樣告訴自己，卻忘了不管是冬季、春季、還是夏季，她的先生都一樣常常不在家。

「下班之後，跟朋友去酒吧開心一下也無可厚非。」一位媽媽說。但事實上，她那成年兒子每天和「那群朋友」待在外頭，至少都是晚餐後才回到家，有時候甚至徹夜不歸；就算在回家的那些晚上，或許也是在電視機前或床上睡著。

5. 隨著否認崩解，戀愛成癮者逐漸意識到伴侶的心牆，以及在這段關係外的行為

最後，伴侶在這段關係以外的行為呈現出種種證據，並且變得越來越難以否認現實，因為避愛者如今是明目張膽地閃避；終於，戀愛成癮者看清對方在逃避，於是幻想和否認一起開始崩解。

現在，戀愛成癮者對疏離行為的忍耐度降低了，痛苦變得更加強烈時，戀愛成癮者便認真地開始想要控制伴侶，於是威脅出現，緊繃的程度提升，很可能就變得像火爆場面不斷的刺激電影或電視肥皂劇一般，你我都喜歡看，卻假裝自己沒有身陷其中。

這個時候，戀愛成癮者發現，對伴侶而言，有另一個人或另一件事比他們之間的關係更為重要，幻想就會從此變成夢魘。這時，最初在童年時期遺棄他們的那個人——父母親或照顧者——就在腦海中浮現。原本他們滿腦子想著虛幻的拯救者形象，現則轉變為當初那位遺棄者的形象；他們依然看不見伴侶真實的模樣，只是把童年時期遺棄他們那位照顧者的特徵，套用在對方身上。

痛苦、憤怒、恐懼以及空虛由此衍生。出於這些情緒，戀愛成癮者或許會訴諸極端手段，企圖向伴侶討價還價或恐嚇（用來控制）伴侶，目的在於防止對方情感持續疏離，以及阻止對方真的將這段關係拋諸身後。

戀愛成癮者執著要知道另一半去哪裡、正在做什麼，如果對方不願意告知，戀愛成癮者往往採取其他方式，好比跟蹤對方、出沒在伴侶可能現身的地點、或是四處打電話詢問行蹤。另外有些戀愛成癮者，儘管執念揮之不去，極度渴望知道對方在做什麼，但是默默地忍耐下來。

戀愛成癮者也可能陷入狂怒變得歇斯底里，他們或許會開始四處哭訴慘遭「遺棄」，希望如此一來，別人就會去阻止避愛者，就算找上另一半的上司，他們也在所不惜；還可能對雜貨店裡的陌生人抱怨，甚至在教會裡頭對眾人訴苦。

在這個階段，戀愛成癮者往往極盡所能地操縱，這種行為就是企圖間接控制對方。他們或許會作出如下舉動：打扮得性感撩人充滿誘惑、和伴侶去度假、換個環境（搬到別的城鎮或社區，藉此「重新開始」，以為這樣就能解決問題）、外遇、以自我放棄或沒有對方就不行的模樣，為求引起伴侶注意。戀愛成癮者幾乎是無所不用其極，只求將避愛者掌控於手中。然而，他們小時候被遺棄時，所學到的處理方式幾乎都是機能失調、虐待他人、適得其反的，導致這段關係的毒性也就變得越來越強烈。

6. 戀愛成癮者進入戒斷期

戀愛成癮者終於接受事實，承認伴侶已經為了別人或其他東西而遺棄他們。換句話說，他們終於完全體認到，在對方的人生中，有其他事物比和他們在一起更重要。如今，戀愛成癮者的「毒品（伴侶）」被撤收，他們強烈覺察到伴侶缺席的事實。這個時候，戀愛成癮者就進入了戒斷期，正如同其他所有的上癮患者，一旦依賴的物品被收走，患者便進入了戒斷期。

而要戒斷對另一個人的癮頭，是種強烈的情緒體驗，包含痛苦、恐懼、有時則是憤怒或以上種種結合，這也是戀愛成癮與共同依賴的另一個不同之處——中斷一段上癮過程會引起戒斷症狀，但從共同依賴症復元則不會。

此外，你也要瞭解以下這點，避愛者上癮的對象並非另一個人，在關係告終的時候，通常不會經歷戒斷的強烈情緒，他仍然堅定不移地避免與對方親近。

如今，戀愛成癮者最初的童年遺棄經驗被誘發，再加上眼前遭受拋棄的成人情緒；那些最初童年遭受遺棄產生的強烈情緒，包括痛苦、恐懼、憤怒和空虛，混雜著此刻人生中的成人痛苦、恐懼、憤怒、嫉妒以及空虛，戀愛成癮者可能感到瀕臨崩潰。

這種新舊交雜的情緒，並不像單純面臨此刻的成人情緒那麼容易駕馭處理。人可以忍受強烈的成人情緒，也能夠在心理治療中再度承受童年時的感受，但是兩者相加，效果卻足以壓垮他們。這種混合的痛苦極度強烈，輕微使人心情沮喪，嚴重則使人浮現求死意念。恐懼的程度可以是焦慮，也可以是驚懼；憤怒或許只是挫折，或許是暴怒，甚至想殺死對方。要是避愛者有性成癮的問題，並且發展出新戀情，戀愛成癮者的憤怒再加上自童年延續而來的羞恥感，可能會徹底爆發，在嫉妒中伴隨著激烈的報復心態。

當避愛者離開時，以上種種感受對戀愛成癮者來說彷彿天地毀滅。因為，他們現在面臨到兩件事：(1)強烈的情緒現實和顯而易見的物質上的損失，好比失去收入、住所以及其他的物質資產，孩子則失去了父親或母親；(2)最初的遺棄和忽視所累積的種種童年情緒，一旦受到成年後被拋棄的刺激，便全數蓄勢待發。

戒斷戀愛成癮，是段非常強烈且嚴酷的經歷，以至於許多人都無法忍耐，最終半途而廢，多數戀愛成癮者都需要來自外界的幫助和支持，無論是心理治療師、支持團體或是戒癮十二步驟療程等，都可以提供這樣有益的幫助和支持。

戀愛成癮者若曾經短暫地回歸現實，瞥見戒斷經驗那黑暗可怕的本質，大多數人往往選擇退縮、否認，而不願意面對現實並徹底執行戒斷。也有不少戀愛成癮者進入戒斷期後，無法承受這番經歷，於是立刻跳入循環的下一階段——著迷（obsessing）。他們會專注於「著迷」上，去避免感受到那份痛苦。

7. 戀愛成癮者對想像著迷，若不是要挽回避愛者，就是想辦法報復

戀愛成癮正如同其他的上癮過程，是一種著迷加強迫的過程，藉以紓解或療癒令人無法忍受的現實。

在這個階段，戀愛成癮者內心所執著的焦點從救援英雄的幻想，轉換為逼迫對方回頭，不然就是討回公道。他們深陷在情感戒斷的劇烈痛楚中，變成癡迷的計畫者，忙著不斷規劃，來降低情感戒斷的張力。

每當戀愛成癮者的腦海被執著占據，就能暫時逃離此刻所處的現實。如果最劇烈的感受是痛苦，戀愛成癮者或許會開始執著於減輕痛楚，通常是透過次級癮頭——第二個成癮行為。他們可能會開始計畫與別人發生關係（或許會發展為性成癮）、展開一段新關係並依賴上那個人、把重心轉向兒女，將其中一位或好幾位變成依存的對象、喝得酩酊大醉（可能會發展成酗酒）、大吃大喝（可能會成為食物上癮）、或是大肆購物（可能演變成消費成癮）。

舉個例子，在室友陶德結束關係並且搬離後，艾伯特便感到強烈痛苦。某天晚上，他穿了件舒適的運動服獨自坐下來，心不在焉地看起電視。這時，來一碗冰淇淋的念頭進入他的腦海，一碗美味誘人巧克力冰淇淋的畫面，就彷彿在他眼前快樂地閃爍著，他逐漸難以專注於電視節目的情節，因為吃冰淇淋的執念越來越揮之不去。

如果最劇烈的感受是恐懼，戀愛成癮者或許會計畫起如何挽回避愛者，從表面上看來，要這個人回頭似乎是極其荒謬的念頭。但戀愛成癮者之所以想要伴侶回來，是因為避愛者的性格中有極具魅力、友善又敏銳的一面。戀愛成癮者一開始會受到吸引，往往就是因為這個重要因素。

以下舉幾個例子——愛麗絲因為孤獨而深感焦慮，甚至無法成眠，她的男友法蘭克才離去三天而已，愛麗絲已經感到精疲力竭、寂寞不已。在這個晚上，她想起了之前交往時，她曾寄給法蘭克一封撩人的信箋——還附上一條內褲——要他到某間餐廳和她碰面。她想像著，如果現在他又收到她的信，會有什麼樣的反應？於是她花了許多時間，執著地想像寄封這樣的短箋給他，假想著他可能會有的正面反應。

另一個葛雯對孤獨的恐懼，則引起了略微不同的執念；她找出了蓋瑞的新女友住在哪裡，也知道他幾乎每天晚上都去找她。於是，葛雯開始瘋狂地想像，帶著兩個孩子，開車過去，敲那扇門。她彷彿看見了那位女友打開門，她則搬出預先練習好的說辭懇求蓋瑞回家，以為看見她和兩個孩子的畫面，再對比那間小小公寓以及那位女友，就能夠使他回頭。

還有艾達，年屆五十五歲的寡婦。她三十歲的兒子鮑勃告訴她，自己即將結婚，並且會搬去附近的城鎮換一份新工作，無法再常常過來看她。鮑勃刻意忽略母親對準新娘的批評，自己做出決定。艾達害怕以後只能靠自己，再也無法依賴兒子不時的照料，便執著地幻想以種種方式誘使他待在身旁，包括不知該如何雇用適當人選來蓋屋頂，不知如何換掉她那五年車齡的汽車……諸如此類，卻不去學習如何自己處理這些事情，或是請有經驗的朋友提供意見。

而閨中密友兼室友離去後的寶拉，對孤獨的恐懼演變成如下的局面：她想像自己數著浴室裡的安眠藥總共有多少顆，吞下一部分，然後打給南西，告訴她自己做了什麼事；她能想像南西火速衝回來，開車載著自己去醫院，焦慮地等待看她是否存活下來。

如果最劇烈的情緒是憤怒和嫉妒，戀愛成癮者往往計畫著如何報復，或許只是讓避愛者（以及他的玩伴）覺得不舒服，但也可能是比較極端的手段，例如毀損個人財物，甚至是肢體傷害，像是希薇亞的報復算是相對溫和，她想像著等查理回家來打包時，如果看見他那一側的衣櫃被清得一乾二淨，臉上會有什麼表情。

但婷娜的執念就沒這麼客氣了，她的丈夫在鎮上算是有頭有臉的商人。在他離開她後，她癡迷地幻想著開車到他晚上常去的那間夜店的停車場，用大鐵鎚把他那台賓士新車砸個稀巴爛。

8. 戀愛成癮者以強迫行為實踐其所著迷的計畫

在日思夜想地癡迷規劃的階段之後，戀愛成癮者通常會強迫性地執行，將盤算的計畫之一甚至數個計劃付諸實踐；他們可能會逃離這段關係，和另一個人開始同樣的循環，但也可能令避愛者回心轉意，於是和同一個人重複同樣的循環。

艾伯特實現了他的念頭，他穿上運動鞋，抓了皮夾，在凌晨兩點的時候——開車來到雜貨店。他低著頭不想看見任何人，挑選好三種口味的冰淇淋、四袋餅乾、還有好幾瓶的飲料，等他走到唯一開放的結帳通道時，他看見前面還排了三個人——全是身穿運動服的胖子，推著滿車的垃圾食物。艾伯特打算暴飲暴食，也實踐了大吃大喝，目的在於減輕少了陶德的痛苦。

再看到愛麗絲的實踐方式，則是寫下那封挑逗的信箋，買了一條全新的性感比基尼內褲，然後塞進信封袋裏寄給法蘭克。三天後，她準時前往那間餐廳——完美梳理的髮型、重新塗過的指甲油、嶄新的洋裝，還優雅地噴上香水。待法蘭克出現，她懇求他回來，他也軟化了，回到她的身邊。愛麗絲減少恐懼孤獨的方式，就是擬定並執行一個讓法蘭克回頭的計畫，執著於腦海中反覆地想像，和強迫似地付諸行動降低了她的恐懼——即使是在那等候餐廳約會的三天裡，也是一樣。她正身處在上癮循環中「思想癡迷、行為強迫」的階段，所思所為都無法控制。

而葛雯最後是把孩子弄上車，開車到她前夫女友的公寓，然後敲了門。在那位女友打開門後，葛雯衝口而出：「湯米要告訴爸爸，他掉了一顆牙！」她對孤獨的恐懼，導致她做出這種離譜行徑。

艾達和寶拉的恐懼，也使她們進入這情感循環中強迫實行的階段。艾達開始以自己的無助，對她兒子鮑勃進行疲勞轟炸，反覆用不懂修繕屋頂、不會處理新車、以及數也數不清的種種事情來煩他；寶拉則吞下安眠藥，然後打給南西求援。

希薇亞的丈夫離開一週後，她執行了計畫，在查理來得及回家取走衣物之前，她把他那一側的衣櫃清掉，並將全數衣服都捐給了慈善機構。她的憤怒和嫉妒導致她規畫並上演了這齣情節，不讓丈夫好過。

婷娜的憤怒和嫉妒真的驅使她去買了隻大錘，到停車場把她丈夫的賓士車給砸爛；她因為毀損私人財物而遭到逮捕。而這個故事，隔天成了鎮上轟動一時的消息。

不過，雪濃的怒氣和嫉妒則走向了極端的復仇形式。雪濃的丈夫離開她並申請離婚。

幾個月後，他和另一個女人出去度假，雪濃趁他不在家的時候，帶著兩名稚子闖入他的公寓，並在射殺兩個孩子之後自殺。當然，這是極度暴力的反應，多數的戀愛成癮者不會走到這種地步。但是，要戒斷嚴重的戀愛成癮會驅使某些人以極端的手段尋求報復。

戀愛成癮症的發展階段

從我諮商過的戀愛成癮者身上，我觀察到幾種行為，近似於別種上癮患者的行為，而這些行為值得加以詳細探討。

1. 越來越能容忍他人的不當行為

隨著幻想逐漸褪色，即使有越來越多的跡象顯示出伴侶把他們排除在心牆之外，戀愛成癮者仍絕望地持續否認；對於顯著的疏離徵兆，他們越來越能忍受和忽略。

好比，就拿瑪莉安來說吧，她正是處於這個階段的戀愛成癮者，前來接受諮商。諮商師可能會問：「嗯，這週過得怎麼樣？」

「嗯，他只有打我三次，不過還不算太糟，我沒瘀青也沒受傷。」

諮商師看到她對不當行為的容忍度提高了，感到萬分驚愕；瑪莉安下次回來諮商時，諮商師又問她這週過得如何。

「嗯，他大概打了我六次，但我只有一個黑眼圈，所以我想應該還好吧。」這就是逐漸增加的忍耐力。

這也可能是一個男人越來越能忍受女性避愛者的不當行為，他或許會說：「她這週只有一次徹夜不歸而已。」

2. 越來越依賴對方

戀愛成癮者將自己處理這段關係日常事務的責任，逐漸託付到對方身上；戀愛成癮者的需求和欲求，漸漸都變成對方要負責的事情。

舉例來說，珊卓把她所繼承家族財產的信託文件，交付給丈夫保羅，她說：「保羅，幫我處理這個，你比較聰明，我知道你比我擅長這種事。」

或是，安姬要求她的女兒梅寶，把衣服拿去洗衣店，聲稱自己弄不清楚哪天才有優惠；喬堅持好友馬克思要主動打電話，負責安排他們的午餐之約，他說自己就是不記得把馬克斯的電話號碼放到哪裡去了。

3. 越來越疏於自我照顧

戀愛成癮者從前懂得穿戴打扮，用心修飾自己的儀表，如今來接受諮商時，可能每次都顯得更加邋遢不堪。例如，佛萊德原本留著精心修剪的鬍鬚和中長髮，他來參加治療團體時，頭髮卻變得越來越長而蓬亂，鬍鬚開始蓋過上唇，喝咖啡時都會沾得到處都是；茱琳通常穿著迷人的裙裝和上衣，後來卻開始穿著寬鬆的運動服現身，同樣地，她也不再修剪或整理頭髮。

4. 感覺麻木

戀愛成癮者不斷歷經一波波的痛苦、憤怒、恐懼、羞愧和嫉妒。然而，在接受諮商時，他們說自己感受不到這些情緒。

5. 感到坐困愁城（或窒礙難行）

如果上述情緒始終無法紓解，戀愛成癮者可能會進入上癮的最後階段：排山倒海的窒礙感受，自己卻無力修復這段關係，或者為了逃離這份痛苦而選擇結束。現實變得不可承受，因為戀愛成癮者已經失去了照料和重視自己的能力。如果戀愛成癮者到了這個階段，開始感覺到窒礙難行，可能也會經歷到越來越多的絕望、幻滅和憂鬱，舉止也許會變得不合時宜又怪異。伴隨坐困愁城而來的，是他們可能會失去掌控事情的力量，最終也失去應變能力。

6. 最後階段

隨著戀愛成癮者疾病病程的發展，他們感覺伴侶在虐待自己。但同時，他們也在虐待伴侶。其中一種形式的虐待，就是看不見別人如何對他們好，而在伴侶意圖親近而非疏離時，也同樣視而不見。

對於另一半所做的每件事，戀愛成癮者幾乎都以負面的眼光檢視。例如，伴侶可能會稱讚戀愛成癮者，這就是對他好的一種方式，但是透過戀愛成癮者的負面眼光過濾解讀後，他們卻聽不見那句稱讚，伴侶說的或許是：「你今年把花園弄得真漂亮。」戀愛成癮者卻可能回答：「嗯，但不完全是我想要的樣子，去年的花園更漂亮。」他滿腦子想到的都是自己的無能，以至於聽不見稱讚。

戀愛成癮者儘管對避愛者做出不成熟、不理智、侵犯或攻擊的行為，卻仍然要求對方要愛他，也是戀愛成癮者虐待避愛者的方式之一；期待無條件的愛原本就不合道理，更何況自己還對另一半做出不當舉動。

同時，戀愛成癮者也看不出來自己多難相處，因為他們一心想的都是對方在讓自己日子難過，他們不覺得自己有問題；他們虐待伴侶，要求彼此黏結、受到照顧，還認為這些要求合理、這就是愛與信任的證據。戀愛成癮者認為，避愛者需要自我空間很不正常。但其實，他們要求的是種威脅，任何人都給不起。

戀愛成癮者進入戒斷期，然後日夜著迷盤算，常常也確實加以反擊，卻不認為這個行為是種侵犯。威脅或真的嘗試自殺、告訴老闆另一半私生活的種種不堪細節、砸爛汽車、把孩子拉到另一個女人的公寓當作人質來操縱對方、未經許可就把對方衣服送出去、勃然大怒、歇斯底里——在在都是侵犯行為；只要任何一項持續下去，戀愛成癮者形同是親手

戀愛成癮者選擇的伴侶：避愛者的特徵

會吸引戀愛成癮者的人，具有某些可以辨認且頗容易預測的特徵。而相對地，具有這些特徵的人也受到戀愛成癮者吸引。在戀愛成癮者「模範」伴侶的所有特徵裡，共通的主要特質就是逃避，戀愛成癮者也許會覺得這點不可思議，因為避愛者最初登場時，是如此氣勢強硬。

避愛者的特徵

避愛者至少有三種以上的特徵，結合之後，導致他們逃避親密關係。

1. **避愛者為了逃避關係內的張力，就在關係外創造各種活動（通常是成癮行為）張力。**

2. 在一段關係內，避愛者避免讓伴侶瞭解自己，以保護自己不被對方吞噬，或是受制於人。

3. 避愛者避免與伴侶親密接觸，採用各種我稱為「疏離技巧」的步驟。

我最常見到避愛者特徵的地方，就是在一段男女戀愛關係中的男方，雖然在某些戀愛關係中，可能是相反的情況；而在一段同性戀情中，其中一方也可能具有避愛者的特徵。除此之外，避愛者的特徵可能在其他種類的關係中浮現檯面——對兒女、父母、配偶的父母、接受心理治療的病患、親近的朋友等等，不勝枚舉。

在避愛者與他人的關係裡，最基本的特性就是真正的遺棄；避愛者不會和兒女分享自己實際上是個怎樣的人，他們躲在防禦的情感心牆後面去經營生活，就像隱身幕後的木偶師一般，對於建立關係的另一方，他們一直不斷想控制對方的選擇。

有意識的恐懼與無意識的恐懼

避愛者清楚意識到自己（嚴重）恐懼親密，因為他們相信自己會被壓榨、吞噬以及控制。正如以下所見，避愛者在童年時期，就被他人的需求、他人的現實、他人的存在所壓榨、吞噬、控制，所以他們再也不想經歷這種事，童年的黏結經驗烙下一個深刻信念——越是親密，就越是悲慘——這是從與原始照顧者和與其他戀愛成癮者的互動經驗中歸納出來的。

同時，在某種程度上，避愛者也恐懼被拋棄，這份恐懼通常是無意識的，然而在部分避愛者身上，已經幾乎足以意識到這份害怕；這份成年後的恐懼源自於童年時期被照顧者遺棄。因為，當孩子被迫要去呵護父母，父母同時也就遺棄了孩子受呵護的需求。

雖然相較於黏結，避愛者在童年遭受遺棄的經驗較為不明顯，卻也是真實存在。由於在兒童時期，避愛者通常缺乏足夠的人際互動經驗，不曾舒緩過遺棄的痛苦、恐懼和空虛，他們不曉得人際關係可以紓解這些情緒。然而，儘管他們難以對伴侶做出承諾或親近對方，但這份害怕被拋下的無意識恐懼，仍將他們拉入與別人的關係中。

在自己也沒意識到的情況下，避愛者卻能辨認出戀愛成癮者對於被拋棄的強烈恐懼，並且受到吸引；避愛者知道，他要誘發伴侶的恐懼很簡單，只要威脅分手就可以。避愛者相信，像這樣立於上風，他們就能逃脫被壓榨、吞噬和控制的命運，而在內心更深處，他們相信這樣就能避免自己被拋棄。

因此，**避愛者和戀愛成癮者具有相同的兩種恐懼：恐懼親密，也恐懼拋棄**。兩者的差別在於，其中一方明顯意識到的，卻潛藏在另一方的潛意識中。

戀愛成癮者對於遺棄有強烈恐懼，卻沒意識到自己害怕親密，導致他們不自覺地選擇不擅親密的對象；避愛者強烈恐懼親近，然而底下卻潛伏著對被拋棄的深層恐懼，於是他們總想成為關係中主導的那一方。如此，他們至少能有時感到自己手握大權，迎合了對方的需求，卻不至於被吞噬自我。

逃避關係內的緊繃感

避愛者有個主要目標，就是將關係內的緊繃感盡量降到最低，因為關係若是緊繃會令人感覺非常消耗心神，對此他們十分害怕，並且威脅著要成為一種壓倒性的力量。為了避開親密關係，他們專注於關係外的某樣事物，並且沉迷其中，任何成癮行為都無所謂，總之效果是一樣的：他們無暇和伴侶保持親密關係。

由於專注在關係外的事物，避愛者大幅拉開了與戀愛成癮者的距離，於是伴侶感覺到避愛者人在心不在，因為，他們的心確實不在這裡。

除此之外，將心思大量投注於關係之外，能賦予避愛者活力，感覺生活充實，他們將關係維持在低度張力，所以無法在關係之中感受到活力。戀愛成癮者若覺察到對方缺乏活力的傾向，將更令他覺得對方疏遠了自己。

避免伴侶瞭解自己

正如我們所見，**親密指的是分享自我資訊，而對方不妄加評斷**，但避愛者在可能與他人親密接觸時，會想辦法避免讓對方瞭解自己。我相信這是出於他們心中強烈的恐懼，害怕如果和別人分享自我，就會被利用、吞噬、控制或操縱；從他們不願意告知伴侶自己的需要及欲求，卻要伴侶猜測他們心意，這一點便可見端倪。

害怕被利用、被吞噬、恐懼親近對方，從避愛者的兒童時期便出現了，當時他們分享了自我資訊，照顧者卻真的加以利用，操縱他們來照料照顧者。此外，我們也已經看到，戀愛成癮者也想要緊緊與伴侶黏結，得到無條件的愛與照護，關於避愛者的個人資訊，他們會徹底利用到極致。

並且，假若直接開口要對方協助滿足需求及欲求，結果戀愛成癮者卻沒能確實履行，避愛者就會沮喪失望，感覺遭受背叛，正如他童年時的經歷。

避免關係中親密接觸的機會

避愛者採取種種疏離技巧以避免親密關係，方式包括構築心牆，而非劃設健康的界線、老是讓周遭環繞足以轉移注意力的事物、採取心理控制的手段、沉迷於某種成癮行為。

構築心牆，而非劃設健康的界線

人與人之間要有健康的親密接觸，需要個人與他人分享自我現實，對方能夠理解，並且不會擅自評斷或意圖改變；這情形可以發生在一種或數種不同的現實層面：肢體、性、情感以及知性層面。❶

對於這種親密交流，健康的界線（boundaries）極為關鍵，它們提供了保護，於是我們得以自在地聆聽他人的現實，即使不喜歡也無傷大雅。相對地，我們也能自在地分享自我；界線還有另一個功能，就是約束自我現實，讓我們能適度表達，不至於以自我現實去侵犯或虐待他人❷。

許多共同依賴症患者的核心症狀之一，就在於無法維持健康的界線，有些人構築了心牆，而非劃設健康的界線。心牆確實能保護我們，但它們阻斷了親密關係，與界線並不相同。如果其中一方或雙方都設立了心牆，彼此幾乎不可能發展親密關係。

想像一下，你正站在自家草坪邊緣，位於你家院子與鄰居院子產權交界的那條線，這條線就如同一條健康的界線，你知道線在哪裡，你能從上頭望過去，和另一頭的鄰居交談，隔著這條線發展出一段關係。然而，你和你的鄰居都清楚，你的產權從哪開始，到哪結束。

假使你沿著產權界線蓋了道高聳的磚牆，或是一道木籬笆，你和鄰居之間便有了個實體障礙物，你再也無法輕易與他見面、聊天。牆雖然給了你保護和隱私，卻也阻擾了你和鄰居間的關係；高高的磚牆或許對保護產權有些幫助，但心牆卻禁絕了親密關係。

有幾種牆阻礙了我們與人相處的能力。舉例來說，憤怒與恐懼之牆使用了激烈的情緒，令人不敢靠近；避愛者可能也會使用沉默之牆，有效將彼此交談降到最低；還有偽裝成熟的牆，老是假裝淡然，喜怒不形於色（避免情緒上的親密）；以及善解人意的牆，永遠客套殷勤，甚至關係陷入瓶頸也不告知伴侶——即使告知之後，難關或許就迎刃而解了（避免知性和情感上的親密）。

轉移注意力

避愛者使用的另一個疏離技巧，就是在伴侶面前裝忙，邊開車邊聽廣播就是個常見例子。避愛者在家時，可能會一直開著電視，或是忙於修繕物品、弄東弄西，有時候避愛者會極度熱衷於某項運動，好比網球、高爾夫球、保齡球或壘球，這樣就有理由長時間不在伴侶身邊；享受這些活動並不是什麼過錯，只要目的不是為了避開彼此的親密接觸。就算是兩人共同從事一項運動，例如父子一同玩高爾夫球或打獵，參與這項活動的目的，也可能只是要取代思想或情感的親密交流。

居於主導地位

在我們的文化中，價值、權力和金錢的關係十分奧妙，每當價值感增加時，我們的權力感和賺錢的能力通常也會提升，基於同一理由，如果以某些方式賦權於自我，我們的價值感和賺錢的能力可能就會增加。但是相對地，如果我們賺錢的能力降低了，價值感和權力感似乎就隨之減少；三項中只要有一項改變，就會連帶牽動其他兩項——共同增加或共同減少。

避愛者企圖掌控金錢、扮演強者、比對方更有價值，他們藉此來主宰伴侶，對控制的這份深不可測的需求，就源自於他們最大的恐懼：被他人支配自己應該扮演的角色。

乍看之下，這情況似乎自相矛盾；一個人極力避免與他人發展關係，卻想要控制別人留在這段關係之中？是什麼因素阻止這個人飄然而去、離群隱世？我認為，一方面是內心潛藏著被拋棄的恐懼；另一方面是拯救那需求迫切又楚楚可憐的戀愛成癮者，同時受到對方崇拜，能給予自己價值感和賦權感。避愛者想要也需要建立關係，感受到與他人的連結，但他們卻小心翼翼，防衛得滴水不漏。因為他們恐懼受制於這段關係，害怕被這段關係吞噬，於是利用價值、權力、金錢的連動機制，以及若即若離的保留態度，成為手握大權主宰一切的人。

另一種主導方式，是無論如何都要贏、都要當「對」的那個人，因為承認犯錯就代表落於下風。然而，也有另一種方式，就是避免爭執。因為一旦在爭執中吵輸，就代表無法閃避伴侶論點中的邏輯，必須改變自己或承認自己犯錯，因此會有失去主導的感覺。

有些避愛者也可能採用肉體力量和虐待去控制戀愛成癮者，許多肉體虐待的關係之所以存在，這是個重要因素。

上癮

避愛者沉迷於一種或多種癮頭，可以達到好幾樣目標。而最主要的，就是在關係之外創造張力，好替避愛者的生活帶來活力與興致；其次，療癒避愛者尚未準備好面對的殘酷現實；第三，得到戀愛成癮者的注意力，向戀愛成癮者傳達出訊息：「在我的人生中，還有別的東西比你更重要。」於是，戀愛成癮者的注意力就會繞著「如何贏得」避愛者的心打轉；第四，這些癮頭造成的影響力可以恐嚇戀愛成癮者，好讓避愛者進一步控制他們。

避愛者童年的受虐經驗

我們都是從原生家庭中學到如何與人相處，在避愛者的原生家庭中，家庭成員通常緊密連結，但情感卻過於強烈，我稱此種極度強烈的連結為「黏結」；黏結絕對不同於健康的連結，但對這孩子而言，黏結卻看似再正常不過。

黏結與適切連結的差異

親近得恰到好處的親子關係稱為連結，是親職機能健全的活動，這種情感連結就像條情感臍帶，從父母連接到孩子身上，於是根基成熟穩定的父母得以呵護和支持孩子。

黏結則反其道而行。親子之間的情感連結也像條臍帶，但卻是從孩子身上吸取活力去提供父母養分。被黏結的孩子給壓榨殆盡，滿足父母對陪伴、關注和愛的需求，曾與父母其中一方有過黏結關係的孩子，最常成為避愛者（戀愛成癮者並沒有以這種令人窒息的方式遭到利用，而是被孤零零地遺棄拋下）。

我認為，我們應該尊重避愛者的艱難處境，他們的復元之路並不比戀愛成癮者容易。在被照顧者利用的過程中，避愛者同時也遭受到了遺棄，因為在他們照顧父母時，並沒有人照顧他們。

情感型性虐待（emotional sexual abuse）

黏結是一種情感型性虐待，父母若把孩子拉入自身的成人關係中，這種情況便發生了。會把孩子拉入自身關係中的父母，通常心智不夠成熟，無法與另一個成年人親密相處，對他們來說，這種關係充滿威脅又太過痛苦，但是他們發現他們可以與孩子親密，因為孩子(1)脆弱，(2)不會遺棄他們，並且必須待在他們身邊以求生存。所以，在避愛者的父母中，其中一方或雙方重視與孩子關係的程度，更甚於與配偶的關係❸。

如之前所見，戀愛成癮者對家庭的貢獻，就是無所需、無所欲、安靜乖巧、疏離孤絕──對家庭一無所求；避愛者也有類似經驗，但卻更加超過。身為孩子的時候，他們不只對家庭同樣沒有任何要求，甚至必須提供自身資源以支持或呵護父母。

這樣的孩子被黏結關係中的情感張力以及壓榨效果所擊潰。從黏結他們的成人身上，他們得到雙重訊息：「你就是至高無上的力量，我將全心全意、毫無保留地愛你；你會主宰一切、控制一切。」至於沒說出口的祕密則是，「在情感支援我的同時，你也會被這份張力壓榨殆盡而吞噬。」

雖然避愛者（儘管只是孩子）在照顧與他黏結的父母時，得以手握大權控制一切，他們卻也得為父母的人生方向負責，既然控制了對方的人生，那就得擔負起對方的幸福；而為成年人的福祉負責，對孩子而言就如鋪天蓋地的壓榨感。

會去黏結、壓榨孩子的父母，通常本身就是戀愛成癮者，例如男性的異性戀避愛者，往往曾與母親有過黏結關係。現今許多的異性戀婦女都是與避愛者共築關係的戀愛成癮者，並且曾經遭受丈夫遺棄。這些被遺棄的婦女因為丈夫不在身邊，便將注意便將注意力轉向自己的兒子，看待與兒子的關係更甚於與丈夫的關係。如此一來，便造就出另一個避愛者。等到這個兒子長大後，他會深受戀愛成癮者吸引，建立出逃避親密的兩人關係，因為他內心害怕被壓榨和吞噬。

我並非暗指男性遺棄妻子，所以應該負起全部的責任。妻子同樣也應該承擔起責任，她們沒有面對夫妻關係中的問題並且想辦法解決，卻對兒子（有時則是女兒）做出情感虐待或性虐待。

情感型性虐待也可能發生在女人身上，爸爸或許把女兒當作「爹地的小寶貝」，奉若女神，地位更甚於母親，女人往往就是因此成為避愛者。

進退兩難：至高無上，卻被吞噬

避愛者在成長過程中，對於自己在原生家庭扮演的角色，可能會有非常良好的感覺：自己想必是相當特別吧，才能夠照顧父母。他們學到所謂與人連結，就是成為別人至高無上的力量，但這也代表了要被壓榨。這些孩子後來常以為自己比他人優秀，這份信念莫名地使他們摸不清楚自己真正的自尊和能力。他們或者好大喜功，或者自視卑微，甚至以為恰如其分的自尊和能力是不夠的。

簡而言之，曾受父母黏結的孩子會發展出三種錯誤的人際相處觀：

1. **照顧有需要的人能肯定自我價值。**
2. **照顧有需要的人，就是我的工作，因此踏入一段關係是出於責任和避免罪惡感，不是因為愛。**
3. **親近他人，意味著我會被控制而窒息，所以我避免親近。**

共同依賴（Codependence）

避愛者無力構築親密關係。由於來自缺乏呵護的原生家庭，避愛者呈現出共同依賴的症狀，核心症狀二和三（難以劃設界線及難以承認與表達個人現實）在避愛者身上極為常見，因為父母從未尊重和照顧他們的權利及需要，沒有人教過他們如何維持健康的界線。

至於共同依賴的其他症狀也多多少少都存在，只是程度比較輕微。舉例來說，避愛者通常自認高人一等，但有時卻突然陷溺在毫無自我價值的情緒裡；他們也缺乏妥善自我照顧的能力，儘管和戀愛成癮者比起來，他們的這項症狀通常不那麼嚴重。另外，他們對自我抑制也有困難，只是程度因人而異。

還有，避愛者通常會尋求一種或多種癮頭，藉以療癒共同依賴症的痛苦，正如第一章中所見，這是共同依賴症的次級症狀；所以雙方都是上癮的共同依賴者，各有各的癮，以撫慰共同依賴在未經治療的狀況下，所帶給他們的痛苦。

兩種角色的特徵可能併行於一人身上

在某些家庭裡，孩子可能被雙親其中一人黏結，卻被另一人遺棄，又或者雙親中的一人先是對孩子黏結，然後又遺棄了他（好比單親媽媽原本黏結兒子，遇見某位男人並發展戀情後，便遺棄了兒子）。在這種既被黏結又被遺棄的原生家庭裡，親子之間沒有適當的情感連結，孩子學到與人連繫就代表既被壓榨又被拋下。於是，他們能採取不同特徵來與人互動，既是戀愛成癮者，也是避愛者。

通常這種情況，是戀愛成癮者與避愛者的身分交錯出現，一位戀愛成癮者或許被一位避愛者遺棄，於是他說：「欸，去死吧！我再也不要這樣神魂顛倒地愛上一個人了。」然後，他認識一位非常需要幫助的人，又變成掌控大局的避愛者，他試著以這種模式相處，卻發現這樣也行不通，還是回到戀愛成癮者的角色。

有時候，夫妻之間會輪流擔任戀愛成癮者與避愛者的角色，因為兩人可能都有性成癮、工作狂或是酗酒的問題。或許，當太太以戀愛成癮者的方式相處時，丈夫就是性癮兼避愛者；而當丈夫以戀愛成癮者的方式相處時，太太就變成了酗酒兼避愛者。他們沉溺的癮頭為何並不重要，但當兩人都交替於兩種身分之間時，就會產生最強烈、最瘋狂、往往毀滅對方的情況，除了心理和情感都相當強烈之外，甚至出現肢體暴力，這對社會而言是嚴重的問題。

1．進一步瞭解分享現實的親密，請參見《走出病態互依的關係》。
2．關於界線的完整介紹，詳見《走出病態互依的關係》。
3．進一步瞭解情感型性虐待，請見《走出病態互依的關係》。

避愛者的情感循環

避愛者有一定的相處循環，其荼毒關係的程度不下於戀愛成癮者的循環模式。他們之所以建立關係，與其說是為了相處，不如說是為了照顧。而在照顧時，他們隱身於誘惑之牆的後面，以防自己窒息。然而，從牆後照顧對方卻使避愛者內心滋長憎恨，因為這壓榨了他們的心力，憎恨使他們疏離這段關係。

他們在關係中製造張力，最初這種感覺還不錯，但到了最後，他們會因為疏離而感到內疚，於是回到對方身邊照顧，或索性發展下一段關係。

循環模式

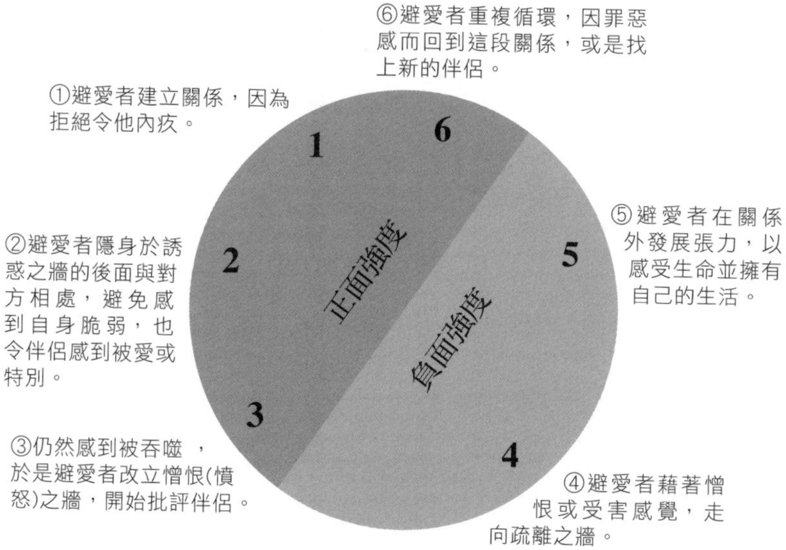
⑥避愛者重複循環，因罪惡感而回到這段關係，或是找上新的伴侶。
①避愛者建立關係，因為拒絕令他內疚。
1
6
②避愛者隱身於誘惑之牆的後面與對方相處，避免感到自身脆弱，也令伴侶感到被愛或特別。
2
正面強度
負面強度
5
⑤避愛者在關係外發展張力，以感受生命並擁有自己的生活。
3
4
③仍然感到被吞噬，於是避愛者改立憎恨(憤怒)之牆，開始批評伴侶。
④避愛者藉著憎恨或受害感覺，走向疏離之牆。

圖 2：避愛者的情感循環

按照數字標示，以逆時針方向閱讀此圖。

1. 避愛者建立關係，因為拒絕會令他內疚。

童年遭到父母吞噬自我所產生的創傷後果之一，就是被黏結的人學會「相處等於照顧」。照這樣看來，相處就等於責任。我也認為，照顧有需要的人變成避愛者價值體系的一部分。於是，他若拒絕照顧對方，就會感到內疚。

2. 避愛者隱身於誘惑之牆的後面與對方相處，避免感到自身脆弱，也令伴侶感到被愛或特別。

因父母吞噬了避愛者的自我，使得他們將理智與窒息、控制畫上等號。為了避免這種情況，避愛者在四周築起心牆，施展誘惑操控伴侶。這份誘惑使戀愛成癮者覺得被愛和特別，往往便忽略了避愛者事實上立起了一道心牆。藉由採用心牆而非界線，避愛者不讓伴侶知道自己在乎的是什麼，也不想知道伴侶在乎的是什麼。這段關係看似親密，實則不然。

3. 仍然感到被吞噬自我，於是避愛者改立憎恨（憤怒）之牆，開始批評伴侶。

避愛者早晚會被戀愛成癮者的需求壓垮，而開始感覺到童年的吞噬經歷所帶來的情緒，既可怕、痛苦又壓榨心力，幾乎就像賴以生存的那口氣都要被抽乾了；這一點與戀愛成癮者被遺棄的經歷略有不同，戀愛成癮者充滿痛苦、恐懼、憤怒、空虛——如同生活在真空中，幾乎無法呼吸。兩者都有近似於無法呼吸的體驗，但**戀愛成癮者的感覺是被遺棄和剝奪，避愛者的感覺則是被黏結和壓榨**。

避愛者覺得自己被伴侶的需求和情感的強烈壓得喘不過氣，會把戀愛成癮者視為低人一等，因為他們是如此依賴。而同時，避愛者也覺得自己被戀愛成癮者的需求控制。

此外，童年時期必須照顧父母的過往憤怒也參了一腳，在現今的成人關係中，從前的憤怒常浮出檯面，造成避愛者以過度嚴苛的眼光，去看待戀愛成癮者的不完美與需要幫助。

4. 避愛者藉著心懷憎恨或受害感覺，走向疏離之牆。

憎恨，指的是避愛者感受到的憤怒。由於想到自己為了伴侶的需求或連結的「要求」而被犧牲掉，避愛者於是覺得自己的憎恨是天經地義，因為他相信，自己被對方傷害了。

5. 避愛者在關係外尋找情感上的強烈，以感受「生命」並擁有自己的生活。

被照顧者或父母黏結，使孩子「適應」了需索無度的照顧者。在適應過程中，孩子必須要扼殺內心的自發性，他們漸漸越感空虛，死氣沉沉，終至有一天要尋找情感上的強烈來掩飾這樣的槁木死灰。

在此，我要提出一件有意思的事，唯有出於內心的自發性，我們才算最真實地活著，這是我們通往真實自我的時刻，此處棲息著我們的靈性現實，因此**自發性不但令我們真實，也令我們擁有靈性。就在觸及這份能量的時刻，我們的人生才有了真正的意義。**

避愛者受黏結所害，他們尋找情感上的強烈的方式，往往是藉由冒險犯難的活動，例如賭上性命或金錢，或強迫性的性行為、工作狂以及依賴藥物。

6. 因為恐懼被拋棄或出於內疚，避愛者重複情感循環，或許回到這段關係，也或許找上新伴侶。

避愛者對於離開這段關係常感到內疚。在童年時期面對黏結的父母時，他們的角色就是擔負起那需要幫助的人。對避愛者來說，照顧是極具價值的事情。所以，他們往往會出於內疚，回到戀愛成癮者身邊，而對方也盤算著施行計畫去贏回他們。

避愛者若發現伴侶放棄追逐轉身離開，對於遺棄的恐懼就會被誘發。而出於這份恐懼，他們常回頭去誘惑戀愛成癮者。但如果避愛者沒有回到同一個人身邊，他們常常是迷戀上另一個伴侶，對方則是另一個需要幫助的戀愛成癮者。

當戀愛成癮者遇上避愛者：共同成癮關係的特徵

戀愛成癮者與避愛者之間的關係，通常包含了情感上的強烈、著迷與強迫的元素，雙方都利用這些方式來迴避現實與親密。他們所形成的關係，構成一種明顯而獨特的上癮過程，我稱之為「共同成癮關係」。

三種共同成癮關係

共同成癮關係有三種情況：兩個戀愛成癮者、兩個避愛者，以及戀愛成癮者與避愛者之間。

1. 兩個戀愛成癮者之間

戀愛成癮者與戀愛成癮者之間會形成極為強烈的關係，他們彼此黏結，非常依賴對方，往往將他人排除在這份伴侶關係之外，甚至常常排除自己的子女；雙親對彼此的上癮迷戀，導致子女感覺猶如被遺棄。兩人中的任何一方，其情感上的張力、著迷和強迫，都全然投注在另一方和這段關係上。

在某些由兩個戀愛成癮者形成的關係中，一個戀愛成癮者的黏結傾向比另一方更為強勢，他企圖強行去重塑對方以符合自身幻想，並壓倒了較弱的一方。較弱的一方雖然同樣企圖要重塑對方成為自己心中的形象，卻失敗了，可能就會感受到被吞噬壓榨的威脅，因此或許會轉變角色，在兩人關係中展現出避愛者的特徵。

2. 兩個避愛者之間

避愛者與避愛者之間會形成非常低張力的關係，他們同意維持低張力的狀況，這樣彼此都舒服。然而，雙方都在這段關係之外尋求張力、著迷和強迫，並且常常沒把伴侶算在裡面。例如，其中一方可能沉迷工作，另一方則熱衷於教會事務或其他形式的志工活動；或者，其中一方酗酒，另一方則強迫症般地去購物、做園藝或重新裝潢和改建房子；又或者，其中一人迴避配偶的方式，就是以戀愛成癮者的方式與某一位孩子相處。

也有一種可能性，兩人共同參與關係之外某項帶來張力的活動，認為這樣就是在經營感情，因為他們花這麼長的時間在一起。事實上，他們是利用外在的張力，來迴避彼此在關係內的親密。舉例來說，夫妻雙方可能會一同沉溺賭博，迷上比賽橋牌、方塊舞、風帆賽等等……我的意思不是說，賭博、橋牌、跳舞或賽船不適合夫妻共同參加，但當伴侶以這些活動來創造張力、逃避親密時，這些活動可能會成為關係中的障礙。

3. 戀愛成癮者與避愛者之間

戀愛成癮者與避愛者形成的關係，特徵是情感上的正面張力與負面張力的循環（所謂的愛情、激情或浪漫），直到再也無法忍耐與伴侶的關係，他們便會選擇離開，和另一個人展開新的循環；雙方對彼此都是相斥又相吸，這種自相矛盾的情況常被描述成：「我沒辦法忍受他（她），但我也不能沒有他（她）。」

本書接下來的內容，就是在討論戀愛成癮者與避愛者間的共同成癮關係，詳細解說這樣的關係是如何運作，又該如何處理。讀者若是身處於另外兩種共同成癮關係——無論是戀愛成癮者對戀愛成癮者，還是避愛者對避愛者，也能在此找到有用的指引，走出痛苦，邁向個人的復元之路，並進一步踏入圍繞著健康氛圍的關係之中。即使只有一個伴侶復元，也能打破依存關係那一直以來病態、反覆的模式與循環。

如果成癮的話……

「癮」在人生中扮演的功能，就是經由一連串強迫性與著迷的經驗，移除難以忍受的現實。縱使癮本身帶來的副作用，已經讓他越來越不舒服。但這著迷與強迫的經驗可以達到非凡的效果，讓人忘卻現實有多麼糟糕，於是人們繼續下去，想讓自己覺得「舒服」。

這個癮成了他人生中的第一順位，比一切都更為重要，並且造成了不良後果，但上癮者卻視而不見。

對戀愛成癮者來說，伴侶以及他對伴侶的幻想，是使他著迷的第一順位。他著迷於伴侶，想在關係內製造張力——事實上卻是相處得過於緊迫，以至於變成黏結，並非建立健康的親密關係。

而對避愛者來說，其第一順位則是關係之外的癮頭：酒精、藥物、性、工作、宗教、賭博、消費、忙碌。避愛者關心的是在關係之外創造張力，而不是在關係內建立健康的親密關係；只要是專注於外在事物，任何癮頭都無所謂，都能讓避愛者去逃避親密關係。

恰如我們所見，共同成癮關係往往是介於男性（避愛者）和女性（戀愛成癮者）之間的伴侶關係，雖然有時情況相反。而**我們也知道，並非所有的共同成癮關係都是伴侶關係，幾乎任何介於兩人之間的關係，都可能變得相互成癮**。

一人扮演兩種角色

但情況的複雜不止於此，一個人還可能展現出兩種角色的性格。舉例來說，一個人在主要關係中是避愛者，但在關係之外，卻可能變成戀愛成癮者。好比馬堤有性成癮的問題，他娶了雪倫，而她是戀愛成癮者，馬堤在這段婚姻中扮演避愛者的角色。但走到主要關係之外，性成癮的馬堤可能和賈姬有婚外情，而賈姬也是性成癮患者；馬堤一方面逃避婚姻中與雪倫的親密關係，另一方面卻在與賈姬相處時變成戀愛成癮者（再看一次，你沒看錯）。裡頭存在著各式各樣的可能性，有時可說是錯綜複雜。

雙方身為共同依賴者，都經歷過與自我關係的挫敗經驗。但是這份內心的挫敗，卻以不同的行為反映在共同成癮關係中。

我們已經知道，健康關係的核心，就是在四個層面中，至少達到一項以上的親密交流：肢體、性愛、情感與知性。

在健康的親密關係中，內在界線❶保護我們，令我們感覺舒坦，不為接收他人訊息而苦惱——不管是恭維、牢騷、吐露心中感受，或只是坦白這段關係中面臨的一個難處；另外，在向外傳達訊息時，內在界線也讓我們不至於虐待他人。好的內在界線，讓我們冒險分享自身現實時，依然能心境祥和。然而，若沒有好的界線，親密關係便充滿威脅。

兩個上癮的共同依賴者間的互動，與健康關係中的親密交流十分不同。共同依賴者缺乏健康的界線（共同依賴的核心症狀之一），而沒有適當的內在界線，雙方都無法享有親密——也就是說，雙方在交流的時候，都不由自主試圖去修正、改變另一方、防備地自我辯白，同時爭論對方的現實。不然就是以所謂的「誠實」、諷刺、誇飾、嘲弄、辱罵，或其他侵犯內在界線的方式來虐待對方。

雙方的互動

我們可以說，戀愛成癮者對關係的態度較為開放自由，而避愛者則傾向態度保守。戀愛成癮者不斷尋求改變，想要改善關係，得到想要的——更多接觸、更多關愛；另一方面，避愛者則想要接受現狀，所以致力於使關係穩定、可預測，並且不帶感情。

避愛者不認為改變是件好事。但在戀愛成癮者眼中，避愛者是問題所在，因為他們不肯改變。然而，避愛者一想到戀愛成癮者要求的改變，便會覺得這種改變是屈從他人、為人所制。於是，雙方陷入僵持。

避愛者逃避親密，對於任何受制於人的感受都極為敏感；戀愛成癮者則一心黏結，只要有一絲被拋棄的感覺，就異常警覺。

戀愛成癮者與避愛者互相吸引的原因

考量到種種衝突爭執，這些人竟然還能受到彼此吸引，或許顯得匪夷所思，且讓我提醒你一個重點：一方最初之所以受到另一方吸引，恰恰就是因為對方展現出來的「熟悉」特徵。

儘管是令人痛苦的特徵，但在從小受虐的經驗裡，卻是再熟悉不過的。無論是戀愛成癮者還是避愛者，通常都不會被沒有癮頭的人吸引，遇上這種人時，他們的反應往往是：「天哪，他有夠無聊的！」、「感覺彼此聊不來」、「我覺得沒什麼火花」或「她太獨立了，不需要我」。

沒錯，使那熟悉卻具毀滅性的共同成癮關係生意盎然並且持續下去的因素，並不存在於與沒有癮頭的人所建立的關係之中。直到戀愛成癮者與避愛者學會在一段關係中更健康地思考、感受和表現之前，那些身心健康的人們始終都會顯得缺乏吸引力。假使沒下過工夫讓自己復元，只是單純換個身心比較健康的伴侶，其實於事無補。

然而，究竟這兩個上癮的共同依賴者為何會彼此吸引？是什麼特徵吸引了他們呢？我相信，有以下幾點因素：

避愛者吸引戀愛成癮者的因素

至少有三項因素，導致戀愛成癮者受到避愛者吸引：⑴受到熟悉事物吸引，⑵受到這種情境吸引，希望能夠撫平童年創傷，以及⑶有可能實踐童年創造的幻想而受到吸引。

1. 受到熟悉事物吸引

在原生家庭中，我們學會了以這個家庭的方式維繫親密，我們的照顧者如何處理他們的關係，對於身為孩子的我們，是再熟悉不過的。儘管這段關係或許機能失調，身為孩子的我們卻習以為常。而且在諸多方面，這種熟悉感都令我們感到安全舒適。等到長大成人，開始尋找自己的另一半時，我們便在某種程度上受到這些人吸引，他們令我們想起了養育我們的人。

戀愛成癮者在原生家庭中經歷的遺棄感與不連貫性（disconnectedness），教導了身為孩子的他們，應該要安安靜靜、善於獨處、無欲無求——以免打擾到父母——之後，他們便不自覺地受那些若即若離的人吸引。

吸引他們的人通常事務纏身，多半有一種以上的癮頭，這種人看起來把自己打理得很不錯，因為他們的生活忙碌又緊湊。而對戀愛成癮者來說，他們很熟悉這種事務繁忙又無暇照料他們的人。

2. 受到這種情境吸引，希望能夠撫平童年創傷

戀愛成癮者在兒童時期，內心便有部分的自尊受到傷害，因為遺棄傳達出一個訊息──他們不值得別人陪伴。在那股趨向避愛者的強烈磁力中，極大部分的原因是戀愛成癮者認為，背棄他們的人極具吸引力，他們或許會企圖療癒自尊的創傷，方法就是試圖去解決童年無力解決的問題──與遺棄他們的人連結──藉此恢復受到珍視的感覺，並得到童年無從獲得的照顧。

我曾深深渴望父親能在身邊陪伴，我想要他的關注，以此證明他愛我。然而，他並沒有為我履行諾言。我認為，我之所以受到忽略我的人吸引，想方設法向他們索取時間和注意力──這些我兒時所欠缺的東西──我其實是想解決那由來已久、與父親之間的關係。

這種行為不單是去滿足對注意力的需求，更是設法去修復童年所受到的舊傷。

3. 有可能實踐童年創造的幻想而受到吸引

同時，戀愛成癮者也在尋找能滿足他們童年幻想的人，那位幻想中的拯救者會保護和安慰他們，並成為他們至高無上的力量。身心健康的人們會期許他們擁有自我想法、不會自告奮勇幫忙解決問題、不會渾身散發「誘惑」、也不會爆發強烈爭執，但這在戀愛成癮者的眼中，顯得乏味無比。他們或許認為，身心健康的人無聊透頂、缺乏細膩或是性格怪異。而避愛者那操控一切的態度、極具誘惑的魅力、在爭執時非要占上風不可，卻顯得萬分刺激。

戀愛成癮者吸引避愛者的因素

在上述因素中，至少有兩項因素，使戀愛成癮者吸引了避愛者：⑴受到熟悉事物吸引，以及⑵受到這種情境吸引，希望能夠撫平童年創傷。

1. 受到熟悉事物吸引

避愛者習慣了需要、依賴、無助、能讓他們拯救的人，好讓他們掌握一切，感覺自己安全又有權力。他們的情感雷達掃描著救援對象，一旦接收到正確訊號，避愛者就會以強勢而誘惑的姿態接近。那些會替自身打算、說話直言不諱、自立自強、不會捲入激烈爭吵、還能妥善照料自我的人，想當然爾，在避愛者眼中就不怎麼有趣，而且其實他們還可能會被看作過於獨立和聰明，不是件好事，或者——假使碰上的是個獨立自主的女性——就被視為欠缺女人味。

2. 受到這種情境吸引，希望得以撫平童年創傷

避愛者的童年創傷源自於被壓榨、利用、遺棄。他們時常趨向那些缺乏權力、依賴脆弱、看似易於掌控的人。因為他們相信，和這些人建立關係，能療癒他們童年的黏結創傷，保護他們不被吞噬壓榨。

戀愛成癮者與避愛者為何漸行漸遠？

在戀愛成癮者與避愛者互相吸引的同時，最終也將相互排斥。隨著避愛者開始上癮，戀愛成癮者就遭到遺棄。戀愛成癮者的痛苦、恐懼以及憤怒，結合了當初被遺棄所產生的童年情緒，而引發強烈的不愉快。

戀愛成癮者需索無度時，避愛者會日漸感受到被控制、吞噬，身上又背負那沉重的壓榨感——要照料對方、隨侍在側、解決各種困難——於是，他們既受這份熟悉感吸引，卻也排斥那反覆重演的虐待。

我們已經知道，在共同成癮關係中的雙方都同樣對遺棄和親密兩者心懷恐懼。從圖三，我們可知一方有意識的恐懼，對另一方而言是無意識的恐懼。

	有意識的恐懼	無意識的恐懼
戀愛成癮者	遺棄	親密
避愛者	親密（吞噬）	遺棄

圖 3

於這段關係的演變中，避愛者使出種種疏離策略，逃避戀愛成癮者極力的追逐，因而誘發了戀愛成癮者對遺棄的恐懼；但戀愛成癮者最終還是被遺棄了，因為避愛者受不了戀愛成癮者的需索無度和強烈情緒。

接下來，戀愛成癮者展現極端的需求與追逐，引發了避愛者對吞噬的恐懼。而到最後，避愛者也被戀愛成癮者的堅定不移和需索無度所吞噬。雙方都經歷了內心最主要、意識到的恐懼。他們的行為其實也挑起了對方諸多反應，而這些反應都令他們覺得難以忍受。

共同成癮之舞

到了最後，戀愛成癮者累了，放棄追逐，轉身離開，或許開始走出傷痛，或許發展另一段關係或癮頭去遮掩內心的痛。過沒多久，避愛伴侶注意到對方不再追著自己跑。這會誘發他內心深藏著對遺棄的恐懼，於是避愛者回過頭來，嘗試再度接近戀愛成癮者。一人逃、一人追，幾乎總是如此。等追的那個人終於接近了逃跑的那一方，雙方的情感張力便會爆發，或者激盪出短暫的浪漫激情或可怕的爭執。

避愛者通常會以誘惑作為重新與一個人連結的手段，開始做起伴侶一直以來希望他能做的事情。於是戀愛成癮者說：「噢，天哪，」轉過頭來面對伴侶，發出歡樂的讚嘆：「噢，你是愛我的。」並且走向避愛者。

等避愛者看到戀愛成癮者迎上來，帶著那般的需求、那樣的張力，就會抽身逃跑，再度改變這共同成癮之舞的方向，他們的雙人舞就產生了我所說的情感上的正負面張力。

正面張力與負面張力

如我們所見，雖然不同的伴侶之間會有差異，但是共同成癮關係卻有種相當容易預測的模式。在圖四中，包含了我們在前一章中已經審視過的輪狀圖，現在，我們要追溯其中一方的行為是如何引發另一方的反應。而那樣的反應，又是如何刺激出前者的反應。

左方的輪子代表戀愛成癮者的情感循環，想像它以逆時針方向旋轉，右方的輪子代表避愛者的循環，想像它以順時針方向旋轉。注意，現在兩個輪子都加裝了鈍齒，就如同機械齒輪上的鈍齒，其中一個輪子上的齒輪，與另一輪子上的齒輪彼此嚙合，驅使兩個輪子展開循環。在這段關係中的任何一位參與者都經歷了自身個別的循環，但兩者之間的互動卻創造出共同成癮關係，一段強烈、混亂且顛簸的相遇。

戀愛成癮者的正負循環

感受到避愛者施展誘惑企圖追求時，戀愛成癮者會產生正面張力，於是轉身面對避愛者，持續體驗那份情緒「快感」或是正面張力，因為童年的幻想已經被誘發，等到伴侶起身逃跑，他們的感受就轉變為負面張力；直到戀愛成癮者終於再度轉身，而避愛者開始追

戀愛成癮者的情感循環　　　　避愛者的情感循環

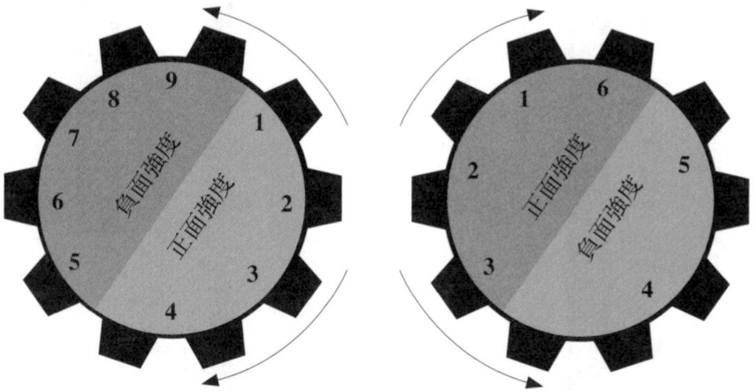

戀愛成癮者

1. 避愛者充滿誘惑且「力量」強大，戀愛成癮者深受吸引。
2. 幻想誘發，戀愛成癮者享受快感。
3. 戀愛成癮者孤單、空虛、在伴侶眼中微不足道的痛苦得以紓解。
4. 戀愛成癮者表現得更加需要對方，否認避愛者構築心牆之現實。
5. 戀愛成癮者逐漸意識到伴侶的心牆，以及在這段關係外的行為，否認崩解。
6. 戀愛成癮者進入戒斷期。
7. 戀愛成癮者著迷於想像，若不是使避愛者回頭，就是想辦法報復。
8. 戀愛成癮者以強迫行為，將著迷的計畫付諸實行。
9. 如果避愛者回頭，戀愛成癮者就與同一個對象重複循環，否則就換一個伴侶重複。

避愛者

1. 無法拒絕這段關係。
2. 以誘惑方式與戀愛成癮者相處。
3. 仍然感到被吞噬自我，於是改立憎恨或憤怒之牆，開始批評伴侶。
4. 藉著憎恨或受害感覺，走向疏離之牆。
5. 在關係外發展張力，以感受「生命」並擁有自己的生活。
6. 重複循環，或許回到這段關係，因為罪惡感或是恐懼被拋棄，也或許找上新的伴侶。

圖 4：一方的情感循環如何驅動另一方

逐，戀愛成癮者才會再次感受到正面張力。

避愛者的正負循環

在對方追逐下，避愛者感受到正面張力，因為他控制局面、掌握大權——只要戀愛成癮者不要需索無度、咄咄進逼就好；一旦戀愛成癮者轉身離開，他潛藏對遺棄的恐懼就會觸發，於是避愛者開始驚慌、痛苦，變成負面張力。

在被追逐的一方轉身，雙方面對彼此時，他們各自都在同一時間經歷了正面張力。不過，隨著時間過去，這種彼此同時的正面張力會越來越短暫，直到縮減為稍縱即逝的瞬間，雙方便馬上回到爭吵狀態，造成負面張力。

我們的文化將這種行為視為「真愛」

雖然我們社會上的大多數人都將這些稱作戀愛關係中的「正常現象」，但這種正負張力間的擺盪循環，與愛情並無多大的關係。

我相信，我們文化中對激情和愛情的看法是機能失調的。我們所謂的激情和愛情，其實只是一種情緒張力，但我們卻稱之為「正常」，表示有許多關係都是如此。儘管這種上癮過程或許算是普遍，但在我看來，它並不健康。在一段相互依存又上癮的關係中，其中一方或者雙方幾乎總是有著錯覺，看不清雙方的關係並非奠基於愛情，而是建立在一種情感上的正負張力的形式上，但他們卻誤認為，這就是激情和愛情。

誰才是受害者？

雙方的不成熟相加起來，導致一段共同成癮關係變得緊張、混亂，並且靠不住。雙方對於造成這些情感上的強烈和混亂，都要負起相等的責任。沒有哪一方必然比對方健康，或比對方令人不快，他們都以自己的方式在虐待對方。

戀愛成癮者或許看似無助的受害者；而避愛者或許看起來麻木不仁又人格卑劣。但雙方都嚴重侵犯了對方，沒有誰是唯一受害者。可事情沒這麼簡單。

因為，在一段「戀愛」關係中，我們會期許伴侶行為穩重，即使我們是自以為成熟，事實上卻像個唉聲嘆氣、被寵過頭的壞小孩，或怒氣高漲又無禮的伴侶。

我永遠也忘不了，那天我突破對自己成熟程度的否認與錯覺，開始看清楚我的伴侶究竟和什麼樣的人一起生活——是我這樣的人！

走出「否認」是相當震撼的一件事。但我相信，這就是我復元的起點。

我們所討論的循環，不但幼稚、於事無補且痛苦不堪。幸好，有比這個循環更健康、更能成就自我的相處方式。

健康關係的樣貌

許多人都認為，找到對的人就能填補自己失落的那個部分，最終使我們感到完整。我們還相信，這個理想的愛人會向我們揭示人生的真諦。但是，**每一個人都擁有潛力，能打從內心感到完整與滿足，並足以發展出自愛、自我保護、自我覺察、自我照顧和自我抑制的能力**。

除此之外，我們每個人都是靠著自我尋覓，最終找到人生的意義，而不是仰賴伴侶為我們開示；伴侶能夠揭示的唯一意義，是他們自己的人生意義。我們的人生是我們的，伴侶的人生是他們的，沒人能提供我們關於我們人生的終極答案。

我們找到自己的意義，因為那與我們有關，企圖勉強自己符合他人對人生意義的想法，是沒有用的，因為那個想法可能根本不適合我們。同樣地，企圖讓別人符合我們對人生意義的想法也無益。因為那個想法可能根本不適合別人！

對我來說，一段健康的關係並非構築在執念與強迫上，它並不是依賴著正負張力而茁壯，正如喬登．保羅博士（Dr. Jordan Paul）與瑪格麗特．保羅（Margaret Paul）的著作中所述，我相信**在健康的關係中，你有能力去呵護他人，增進他們情感與靈性的成長，促使他們為自己負責，藉此提升他們的自尊。**❷

你若愛惜自己，便能夠呵護自己，專注在自己的情感與靈性成長，為自己負責，並因此提升自己的自尊感；任何一個伴侶若被另一個伴侶要求表現親密或支持時，都能以健康的方式答應或拒絕，不至於使任何一方受到貶損，各自的自尊都能繁榮茂盛，在這健康的關係中受到呵護。

復元的方法

從自身經驗中，以及觀察更多共同成癮關係的痛苦過程後，我找到一些頗具效果的有用方式，能夠停止這段上癮過程，進而復元。

在本書接下來的部分，我們將一起探討這些方式。另外，也將認識健康關係的幾項特徵，如此一來，等到你從戀愛成癮或傷害人際關係的任何其他癮頭復元到一定程度時，就可以開始為將來的關係設立一些實際的目標。

1．界線的完整介紹，請見《走出病態互依的關係》。

2．請見喬登．保羅與瑪格麗特．保羅合著《不要衝突只要愛》（*FROM CONFLICT TO CARING*），方智出版。

第二部

復元之路

如何處理共同成癮關係

一路跌跌撞撞走來，諮商過許多人的我終於明白，共同成癮關係確實有可以治癒的復元方式。如果兩人能共同參與，效果最為理想，但假使其中一人不願意嘗試這些復元方法，另一方仍然能從中獲益良多。

我相信，無論待在同一段關係之中，還是選擇走出這段關係，他都將獲得極大安慰。對於戀愛成癮者而言，尤其如此。

復元具有顯著跡象

有一段期間，我一邊經歷自身戀愛成癮的循環，一邊召開研討會討論這個症狀，對我來講，那段經歷十分艱難，但我仍然努力挺過這段復元的過程。

某天晚上主講時，聽眾席上有位認識的女士對我說：「派雅，你看起來氣色好很多耶！」正因為她那句話，我才赫然覺察到，在我盡力遏止情感循環並且撐過戒斷期後，我的人生真的改善許多。憑自身的經驗，我敢說，治癒是絕對有望的。

但我必須坦承地警告你，這段復元歷程走起來艱困又相當悲慘。可是我也相信，那些厭倦自我挫敗的人們，絕大多數都能做得到。我們身陷循環的時候，經歷了艱困與悲慘，或者為了避開艱困與悲慘，索性放棄了與他人之間的關係，結果卻因為孤獨而感受到另一種痛苦；我們在復元中所歷經的痛苦，相對容易駕馭。由於其中伴隨著希望，我們會越變越好，並決定要面對自我，在這過程中正視癮頭、破除否認，有意識地步上復元之路，終將治癒自身的痛苦，正如許多人都常常聽到我說的：「**正面擁抱你的魔鬼，否則他們會從背後咬你。**」

復元的階段

我們要如何抽身走出關係中這上癮、不由自主被驅使的特質，步入較為健康的相處模式？我認為必須透過下列的四個步驟，這也是第二部要探討的內容。

1. 開始處理共同成癮關係之外的任何顯著上癮過程（酒癮、飲食失調等等）。
2. 脫離關係中的上癮部分（後文將談及如何施行）。
3. 若有必要，尋求心理治療，協助釋放累積已久、來自童年受虐經驗的感受。有些人能夠靠自己忍受遺棄或黏結的過往童年情緒，但是依照我的經驗，大多數人在成年後要走出這毒害的關係，首先都需要接受心理治療，以面對內心殘存的感受，這些都是來自童年未解的受傷情緒。
4. 解決潛藏的共同依賴症狀。

著手進行這些步驟後，大多數人都準備好再度進入一段關係。如果你暫時脫離現任關係以展開復元，但並沒有真的徹底結束，那麼在處理完上述四個階段後，你或許已經準備好再次回到這段關係。

而另一方面，你或許是不得不開始復元，因為伴侶已經一去不回，或者因為發生了一些事，導致關係走向終點。但我建議你，為了給你自己最大的機會去享有更健康的相處方式，在走完上述的四個階段之前，絕對不要展開一段新的關係。

如果你的前段關係已經永久結束，而新的關係暫時還沒出現（或者完全不出現），在這種狀況下，假使你能夠抗拒前來解救的避愛者，或是拒絕可憐無助、等待救援的戀愛成癮者（看你扮演哪個角色），這就表示你真的在復元。

有時，你或許會選擇過著沒有另一半的生活，而非再回去共同成癮關係。而且，如果你是因為復元保持了這個有意識的選擇，並不是為了逃避問題做出這樣的抉擇。在我看來，這就是健康的。只是這個健康的抉擇，確實需要找些不一樣的方法來滿足你對適度的肢體、情感方面的呵護與親密等需求。我們會討論這段過程，也會談及一些方法，讓讀者藉此能夠尋找對象，與對方展開一段較為健康的關係。

另一件振奮人心的事，就是你會從共同依賴症逐日復元並且越發健康，可能漸漸會受到比較健康的人吸引，也發現他們被你吸引。你喜歡的對象越是健康，對方也就越可能常常提供給你溫暖的個人關懷。

解決所有癮頭

在共同成癮關係中，至少會出現三種，甚至可能是四種上癮過程：

1. **戀愛成癮者的戀愛成癮；**
2. **避愛者的成癮行為；**
3. **共同成癮關係本身；**
4. **以及戀愛成癮者不時可能採取的其他成癮行為，以療癒戀愛成癮帶來的痛苦。**

我們已經下過定義，共同成癮關係就是在兩個上癮的共同依賴者之間，反覆交換著正面張力與負面張力的毒害歷程，參與者既無法捨棄也無法忍受這段關係。在這層意義之下，它與成癮行為非常類似。

解決一個癮頭解釋起來很容易，但做起來不見得輕鬆。要解決上述各類的成癮行為，方式都相同：(1)正視上癮，承認這些症狀確實出現在你的生活裡。(2)檢視這個成癮問題造成的不良後果。(3)介入這個成癮循環，以及(4)走過戒斷期。

1. 從內心正視成癮行為

要承認自己是個上癮患者，感覺並不好受。因為隨著承認而來的，是失落的痛苦心情。上癮能帶給人一些看似愉悅的效果：情緒上的快感、大量的刺激與張力、療癒了難以忍受的現實。特別是戀愛成癮，它帶來了與人的連結，儘管痛苦，但短期內卻使人非常快樂。無論你現在正視的是何種成癮行為，沒有了它，你就得學著面對現實的真正面貌，並且去承受那份現實。

▼戀愛成癮與依存關係

在治療上癮患者的諮商師之間，普遍都對以下這個原則有共識：一個人若要走出成癮行為，先決條件就是認清這是一段上癮過程；只要戀愛成癮者不認為他們的相處模式以及這段關係歷程是一種癮頭，我相信，想要治療他們，幾乎是不可能的事情。如果你否認自己是個上癮患者，事實上就幾乎沒人能幫助你，一切都要等到你回歸現實——認清自己是個上癮患者——換句話說，幾乎總是要等到痛苦太過劇烈，擊碎了否認的外殼為止。

▼次級癮頭

在循環走到某個點時，戀愛成癮者會遭逢痛苦難忍的時期，就可能採用其他的一些癮頭（好比性成癮、酒癮、藥癮、沉迷電視、工作狂、宗教上癮和飲食失調）來減輕痛苦；他們要解決的往往不只是戀愛成癮，還包含了其他的成癮行為，這些癮頭都是用來美化戀愛成癮的痛苦現實。

▼避愛者的成癮行為

避愛者也需要正視所有成癮行為，才能成功解決共同成癮關係。通常，他們會發現，除非先斷開外在的癮頭，否則就算做得到擺脫共同成癮關係的程序，也是無比困難。

對於正沉迷上癮的人而言，要擁有成熟健康的關係非常困難，他們只會創造出機能失調的關係。

上癮者或許會因為與戀愛成癮者的關係產生反彈，跌撞走入另一段關係裡。而對方並沒有任何癮頭。但最可能的結果，是發展出一段機能失調的關係，即使對方不是戀愛成癮者，也不是另一個避愛者。

在我看來，一個人若想擁有與他人的健康關係，最有希望的做法就是先從所有的上癮過程和共同依賴症狀復元，再依據自己的判斷力，選擇沒有癮頭的伴侶。

無論我們是戀愛成癮者還是避愛者，都得面對自己所有的成癮行為。我的想法是，支撐所有癮頭的（除了酒癮和藥癮外）都與未經治療的共同依賴症有關。由於無力處理自身現實，只得用一個或更多的成癮行為來療癒痛苦。同時，我也相信，要治療戀愛成癮，甚至僅僅是辨識出這種病症，前提通常是上癮的共同依賴者已經復元到足夠地步，內心能夠更祥和地去面對人生。正是因為治癒了共同依賴的核心症狀，才能帶來祥和的內心狀態。

在某種程度上，戀愛成癮者意識到自己太不成熟，無法照料自我，必須依附他人；當戀愛成癮者從共同依賴的前四個症狀復元後，他們就有辦法去正視戀愛成癮。從共同依賴症狀復元，尤其是在自我照顧和自我呵護方面，給予戀愛成癮者足夠的穩定性。當他們終於看到問題，願意開始戒斷，便能以此承受戀愛成癮的戒斷期。

因此，戀愛成癮者常常必須從解決當下所有沉迷的癮頭開始，歷經癮頭的戒斷期，然後開始從共同依賴復元。最後，才進入更困難的歷程，就是面對並且戒斷戀愛成癮。

2. 檢視成癮行為的不良後果

檢視了每個癮頭的不良後果後，我們就能開始體會到那股痛楚，促使我們停止那個癮頭，忍過戒斷期，並且學習以健康的方式去回應痛苦的現實，藉此減低或消除那些成癮行為所帶來的不良後果。

3. 介入成癮循環

在你處於上癮過程時，必須要停止，並且願意開始戒斷。而且直到戒斷期結束之前，都要堅持不會回到這個成癮經驗。舉例來說，你必須停止追求一個不想和你在一起的人、停止和不適當的對象發生性關係、停止酗酒、停止暴飲暴食、停止過度工作。你必須停止任何成癮行為的重心。

4. 經歷戒斷

一個上癮的人要是在停止施用上癮物質或停止成癮行為時，就會進入戒斷期，這是個指標，證明他確實對那個被剝奪的東西上癮。

所謂戒斷，就是移除上癮物質時，人們所經歷的一連串不適症狀。如果重新得到該項物質後，戒斷症狀就消失，那就能確定之前所經歷的確實是戒斷症狀。

舉例來說，如果對甜食上癮，停止攝取後，可能會因為戒斷而頭疼欲裂。但接下來，你吃了點巧克力或冰淇淋，疼痛便消失，就可以相當肯定你正在戒斷一個癮頭。

因此，正是戒斷症狀驅使我們回到成癮的物質或行為。症狀或許出現在肢體上、知性上、情感上或靈性的層面。

以戀愛成癮而言，症狀主要是在情感層面；但以酗酒來說，就比較偏向肢體了，但也包含情感層面。

為了撐過這段痛苦的時期，需要始終如一的外援和鼓勵。戒癮十二步驟的聚會可以提供這些協助。戀愛成癮者和性愛患者可以參加性與愛上癮無名會（Sex and Love Addicts Anonymous）；戒酒無名會家屬團體（Al-Anon）也是戒癮十二步驟團體，可以為忍受戒斷痛苦的戀愛成癮者提供支持。那些深愛酗酒患者的男性女性往往就是戀愛成癮者，他們可以為彼此打氣，與那個藉由酗酒來遺棄他們的伴侶分開。

酗酒者參加戒酒無名會（Alcoholics Anonymous）；沉迷藥癮者參加戒麻醉藥團體（NarcAnon）或戒酒無名會（AA）；強迫性的過度飲食、暴食症、厭食症和食物上癮者參加戒食會（Overeaters Anonymous）。復元中的患者，依照需要參加各種戒癮會，獲得支持以持續戒斷。

另一種我們可能需要的支援就是心理治療。那些尋求諮商師協助的人必須選擇專精於成癮行為的諮商師，他會瞭解酒癮、藥癮、工作狂、食物上癮、性成癮和戀愛成癮的戒斷。

有時，有些人會需要醫療協助，酒癮或藥癮嚴重的患者需要藥物治療，以免因為戒斷的影響而死亡。而人在戒斷戀愛成癮並承受劇痛時（請見第九章），也可能需要藥物治療這些症狀。

戒除戀愛成癮並不簡單，因為經歷強烈的情感痛楚與抑鬱時，往往渴望著傷害自己，有時甚至導致自殺或殺人，或是殺人後自殺。媒體時常在報導這類的死亡事件。依我看來，在這些人中有些需要抗憂鬱藥物的協助。

治療上癮的過程，包括承認上癮、面對不良後果、停止成癮行為、開始戒斷，然後治療戒斷。一旦熬過了戒斷癮頭的影響，人會變得清醒、穩定，也就準備走入復元的下一個階段了。

暫時放下關係

婚姻諮詢常能幫助想改善關係的夫婦，但若這段婚姻出現共同成癮關係的特徵，應該暫緩傳統的諮商，直到雙方都開始從其他成癮行為與共同依賴症復元後，再來著手進行。

共同成癮關係的主要問題之一，就在於尚未治療共同依賴，而雙方都不夠成熟，無法擁有健康的關係。自尊問題加上無法設定界線，導致一方難以對另一方的負面回饋應對得宜；或是當伴侶在場，無法向諮商師吐露心聲。這些重要工作，就算是私下進行都已不易承受。若讓伴侶在旁觀看，往往更令人恐懼。在這樣的情況下，雙方在進行復元時必須與對方分開，並且分頭進行各自成癮行為與共同依賴的復元程序。

然而，有些關係在中毒已深的境地之前，雙方便已經決定要想辦法解決。如果兩人都有某種程度的成熟，癮頭也復元到相當程度，或許就能開始婚姻諮詢，獲得不錯的成效，同時理解到他們還需要分頭去讓彼此從共同依賴復元。

接下來，我即將介紹暫時放下彼此關係的程序。這是提供給關係中毒已深、情況嚴重到只要某方說句：「你做這個那個時，我就覺得很生氣」，便爆發許多衝突和混亂的伴侶。

然而，並非所有關係都如此毒性強烈，需要在復元的時候分開。但確實也有不少關係的毒性太深。我想要清楚說明，這樣的分開（可以的話，維持在婚姻關係之內）可能是必須的，並且不管是哪種情況，這樣的「去依戀（detachment）」都能有效協助你踏上復元之路。

之後，在各自從共同依賴復元些許，就可以開始一起努力。舉例來說，如果伴侶之間能夠開口說出：「你這樣做時，我的感覺是如何如何的」，就是一起在努力練習與對方分享情感上的親密。他們所致力的，是處理共同依賴的第三項核心症狀——承認自我現實，並適當分享。

合理的復元期有多長？

我發現，要化解成癮行為及童年創傷的遺毒，然後從共同依賴復元，並且修復關係，通常要花費共三到五年的時間，但這並不是說你得要讓一段關係放下三到五年。你將關係停擺約莫六個月的時間，好開始踏上復元之路，再花三到六個月的時間，重新進入這段關係，在其中培養出合宜的舒適感。

此時，你已經開始認真處理主要的成癮行為，以及共同依賴的核心症狀；每對不同的伴侶，需要的時間會有所不同。在這三到五年的剩下時間裡，雙方都需要持續從自己共同依賴的症狀復元。在這段復元期間內，婚姻中的許多重要面向都可以繼續，就算雙方並沒有共同處理上癮的共同依賴問題也沒有關係。

脫離現任關係中的上癮過程

在你正視成癮行為，以及開始從共同依賴復元時，關於修復彼此關係，通常是做得越少越好。我建議，最好先抽身脫離，直到你感受到成癮行為減輕，並且共同依賴的症狀也有相當地改善。

不過，在某些案例中，戀愛成癮者那一方並沒有能力去照料自我的需求和欲求，因此無法忍受戒斷這段關係，甚至在關係中戒斷其他問題。這種情況下，伴侶們可能要等到這個症狀改善為止。

雖然在一段關係中，避愛者往往因為沉迷其他癮頭而缺席，但其在場時，場面經常都是極度強烈的——不是熱情如火，就是爭吵施暴（無論是口頭還是肢體），甚至兩者都可能發生。

避愛者需要脫離關係中這種上癮的部分——也就是極度強烈的部分。雖然，這種舉動看似是更嚴重的遺棄，卻是復元時一個暫時且必要的階段，它給了戀愛成癮者時間，待癒合到足夠的程度，之後才能維持一段健康的關係。

解決關係上癮過程的程序，與已經處理過的其他成癮行為步驟相同：面對這是上癮的事實、承認其不良的後果，然後介入這段成癮循環、進入戒斷期。

許多人可能會發現，在試圖暫緩關係時，有必要尋求諮商。我認為，許多開始戒斷共同成癮關係的戀愛成癮者時常無法單靠自己做得很好（雖然有些人能靠自己做到）。

如何暫時放下關係

暫時放下彼此的關係，不代表一定要分居或離婚。雖然對某些伴侶而言，暫不見面是必須的，但這不代表伴侶之間不能有接觸，只是必須避免任何會導致爭吵、緊繃和痛苦感受的接觸，也不應企圖處理彼此共同成癮關係的議題。

盡量減少情感互動、批評、解決重大問題等，可以的話甚至徹底停止較好。至於無法避免的問題，例如是否要把兒子送去私校，或如何籌措女兒矯正牙齒的費用，處理時需要有能夠調解的第三者在場，好比說，諮商師。

要減少多少親密接觸，視不同伴侶而定

親密（分享並接受另一個人的現實）的前提是擁有足夠界線，瞭解自己，也瞭解對方。因為擁有界線，在聆聽他現實的情況時，你依然能感到舒服自在。親密也包括擁有對伴侶

說「不」的能力，卻不至於侵犯對方。親密可以是在肢體、性愛、情感以及知性的層面。

有些伴侶在上述某一個層面或某幾個層面，能夠分享並接受現實而不侵犯對方，但在其他層面卻無法做到。舉例來說，有些伴侶在性愛層面沒問題，卻無法在情感需求上化解彼此的歧異；有些伴侶則是在各方面的相處都充滿爭吵及痛苦。

一旦一對伴侶瞭解到雙方無法共享某些親密層面，就可以去找諮商師協助調解，哪方面的親密可以持續，哪方面的親密又必須暫停，以便處理關係過程中的成癮問題。

諮商師可以協助這對伴侶，釐清需要協商的問題層面有哪些，並且定期進行諮詢。這對伴侶就能在諮商師的引導下，進行這方面的親密接觸。

休戰

「去依戀」在關係中上癮的部分，意思是說不與伴侶有任何緊張的相處，以舒服怡然的態度對待彼此，繼續做你自己的事；在「容許」的層面上保有些微互動，足以感覺到彼此還是伴侶即可。

至於在你知道禁止進入的親密層面上，絕對不要有任何互動。如果四個層面都為禁區，雙方就以「去依戀」的態度，維持點到為止的禮貌即可。

如果伴侶抛出一個吵架的機會，不要直接回應，甚至不要說：「我們不應該談這種事情。」繼續保持舒服怡然的態度，閉上嘴巴，平靜呼吸。有必要的話，把手壓在臀部底下，但不要討論任何激怒對方的事。

我發現，遵從以下的規則可使伴侶雙方有效地容許與這段關係保持距離。

1. 執行戒酒無名會家屬團體的「三不法」：不找伴侶麻煩、不擋伴侶的路、不打斷自我生活。
2. 不要以憤怒和誘惑來「轟炸」伴侶（稍後詳加敘述）。
3. 留意伴侶的狀態，如此你才能真正瞭解對方。
4. 留意自己的狀態。
5. 不要回應伴侶的任何憤怒轟炸與誘惑轟炸。我的意思不是說從此不能有性行為，而

是要避免操縱、誘惑、控制的性，或是爭吵與憤怒。

戒酒無名會家屬團體的三不法

不找伴侶麻煩，意指不要再全神貫注在伴侶身上，不要一直注意對方在做什麼或沒做什麼，要把那些看作與你無關，只要略微留意他在做什麼或沒做什麼就好，如此有助於破除你幻想出來的對方形象，進而看出對方真實的模樣。不找伴侶麻煩，意思就是停止回應伴侶做或不做的任何事；不要發表對他的意見和感受、不要提供「建議」或解決辦法、不要要求伴侶改變等等。

如果你就是忍不住要回應，那我建議，現在你甚至連略微留意或稍加觀察對方，都要盡量避免。

不擋伴侶的路，意指不要干涉或甚至觀察、評斷對方的人生。不擋別人的路，就是不要提供有用的勸戒或負面的批評、不要阻止對方陷入災難、但也不要故意製造災難；不管你觀察到對方有任何行為，都當作不干你的事。

不打斷自我生活，就是開始去復元自己的成癮行為和共同依賴。最重要的，對戀愛成癮者而言，不打斷自我生活就是指學習如何自己照料自己的需求和欲求、負起照顧自己的成人責任、而且不再想要假手他人；同時也要學著去用心重視自我、設定界線，以及承認自我現實。

轟炸伴侶，以求重新連結

等你有效完成「去依戀」過程，關係的張力隨之平息，周遭環境可能變得極度安靜，與過往情形相較，尤其顯得如此。張力消失後，在這段關係中，你似乎已經一無所有。因為在一開始，張力幾乎是你擁有的一切。

在這段關係變得如此安靜後，雙方都會覺得不太自在，因為兩人都早已習慣那荼毒彼此的張力一再起伏漲落。除此之外，這份由安靜產生的不自在感，又因雙方不曉得該如何以健康方式親密相處，而顯得更加強烈。

通常，當戀愛成癮者停止了強迫行為，不再逼迫避愛者去「愛」他們，他們會先覺得不舒服。而後，避愛者也開始覺得不舒服，因為對於遺棄的恐懼浮上了檯面。兩方都感覺到「去依戀」所產生的不愉快，就會不由得想做出我稱為「轟炸」（bombing）的行為，在彼此之間創造從前那熟悉的張力。縱使感覺不好，至少感覺親密。

轟炸能帶來許多張力，或許是大吵大鬧、或許是誘惑對方，以至於伴侶突破「去依戀」的狀態，回應對方並重新連結。即使，這樣的連結是在荼毒彼此！

給戀愛成癮者的話

當平和與沉默降臨到這段關係裡，幾乎立刻誘發了你對遺棄的恐懼，你可能馬上就忍不住想發射張力炸彈來轟炸對方，與對方重新連結。

以下兩種方式就是身為戀愛成癮者的你可能會轟炸對方的方式——**「憤怒轟炸」**，找架吵，讓自己生氣，這樣就能讓避愛者與你產生連結。因為比起吵架，沉默更可怕；另一種則是**「誘惑轟炸」**。「誘惑轟炸」有兩類，一類是扮演無助者，另一類則是性方面的挑逗。

在戀愛成癮者力求脫離關係時，一定要抗拒這樣的轟炸，要努力忍受那份沉默。**成熟的關係能夠擁有長時間的沉默，而且它們不是奠基在創造張力之上，而是以安全感與平靜為基石。**藉由參與戒癮十二步驟團體的聚會，或與幫助者談談，你可以加入真正的親密交流，找出轟炸以外的替代辦法。

雖然一開始的安靜會讓避愛者覺得鬆了一口氣，但到了後來，就會誘發他那對遺棄的恐懼，避礙者也想要轟炸對方。

身為戀愛成癮者的你需要做好準備，假設這種情況發生，絕對不要回應。我所知道避免回應的最佳方式，也就是避免轟炸的最佳方式，閉上嘴巴，平靜呼吸，觀察你的伴侶，注意他是如何企圖以憤怒和誘惑來與你連結。

給避愛者的話

身為避愛者的你有意識地決定脫離走向復元，而非藉由外在癮頭脫離關係，通常起初有放鬆和開心的感覺。但不久之後，痛苦的戒斷症狀往往會開始發作。

與此同時，要是你戀愛成癮的伴侶沒有走在復元之路上，你脫離緊綳的關係之舉很可能導致伴侶想提升張力，因為他害怕被遺棄。

而就算對方是想要復元的戀愛成癮者，在一開始，可能也難以克制去嘗試情感上的連結。如果戀愛成癮者嘗試轟炸，你就要避免回應，以免情勢升溫。最佳的應對方式，就是閉上嘴，平靜呼吸。你必須努力抗拒誘惑，不要回應轟炸，保持「去依戀」且寧和的態度，不斷提醒自己：成熟的關係能夠擁有長時間的沉默。

最後，你自己對遺棄的恐懼或罪惡感可能會被誘發，也會想要轟炸對方。憤怒轟炸可能很有吸引力，誘惑轟炸或許也是，方式包含性方面的挑逗，以及對伴侶的不便或困難提供救援等。但是，你的伴侶可能已經平靜下來，並學會了不去轟炸你。於是，角色暫時對調了——從前緊抓不放的戀愛成癮者，相較於過往的行徑，現在看來可能更像個避愛者。

轟炸的方式

展開「去依戀」的程序以前，伴侶雙方可以先仔細想想，列出所有你轟炸對方的方式，無論是憤怒轟炸，還是誘惑轟炸。然後，建議你們各自與諮商師訂立承諾，不管怎麼樣都絕對不再做出相同行為。

戀愛成癮者可能會用來「憤怒轟炸」伴侶的方式，包括撞凹新車的擋泥板、因為「忘記」而晚了兩、三個小時到家、把一張甚至更多張卡刷滿或刷爆。這些花招的目的就是要挑起對方的怒火，以吵架方式與戀愛成癮者連結，因為在一開始，就連爭吵都比安靜來得好過。

戀愛成癮者常做的一種「誘惑轟炸」，就是顯得楚楚可憐天真幼稚，以至於伴侶覺得非得與他連結並照料他不可；第二種「誘惑轟炸」，就是在床笫之間極盡挑逗，增加閨房內的張力。

避愛者「憤怒轟炸」的方式可能是威脅分手，或是變得非常苛刻，常以批評語氣抨擊伴侶所做的事，目的在於誘發伴侶的憤怒，使伴侶與他以爭吵方式來連結。

而其所常用的「誘惑轟炸」，則可能包括替伴侶解決困境，或邀請伴侶來趟刺激浪漫的旅程。避愛者可能還會採用另一種形式的「誘惑轟炸」，情感豐沛地宣誓對伴侶的愛至死不渝，或是慫恿誘惑戀愛成癮者與他發生關係。因為避愛者往往把性與愛混為一談，他們常常以為某人若願意與他們發生性關係，就是證明真愛的關鍵。

轟炸衝動來襲時，該如何是好？

當你燃起一股衝動，想要以憤怒或誘惑來轟炸對方，請閉上嘴巴，並平穩地呼吸。假使其他方法都失敗了，那就直接起身離開。

尤其戀愛成癮者，只要注意眼前情況，不要回應就好。這句話聽起來容易，做起來卻很困難。當你努力克制自己的時候，可以在內心練習以下事情。

這些是我的導師珍妮．赫莉給我的建議，協助了我走過這段過程。以下列出的是我將她提供的方針修改後的版本，遵循這些方針，你將更能持續去脫離關係，避免轟炸，也避免回應對方的轟炸，一邊復元自己的共同依賴及成癮行為，一邊持續戒斷。

1. 閉上嘴巴，並平穩呼吸。

2. 把手壓在臀部底下，反覆告訴自己以下幾點：

伴侶是個怎樣的人，與我無關。

我的伴侶有權以自己的模樣在這世界上生活。

我的工作就是觀察現狀，這樣我就能真正看清對方，以成熟的方式回應。

我的工作就是照顧自己，這樣我的伴侶才會覺得我是個安全的人，我也才能回到這段關係。

我的工作就是不要去傷害、懲罰、攻擊、報復、對抗或是不誠實。

3. 避免再度落入這段關係從前的上癮過程。例如，你可能想打電話給別人，抱怨伴侶有多糟糕，不要這麼做；請坐好、冥想、重複類似以下的這句話：

無論何時，我對伴侶都會有溫暖的個人關懷。

如果一字不漏照著說這句話，讓你覺得太假，實在說不出口，就謹記在心，肯定自己對伴侶有溫暖的個人關懷，這點非常重要。或許改成以下版本，你會覺得比較有說服力：「無論何時，我都會對他人有溫暖的個人關懷。」照著這樣的思路，發展自己對於溫暖個人關懷的版本，讓自己真心認同。

後來，我還加上這句話：「雖然我對這個人有溫暖的個人關懷，我仍然有權利不喜歡他的某些行為，或是這個行為所衍生出來的後果。」這樣告訴自己一段時間後，我覺得自己解除了想要做些有害的、成癮的行為的念頭。

這樣過了一段時間，你或許會發現，自己對伴侶行為的反應不再如此充滿毒性。這個過程，讓你學會反應不再那麼激烈，也讓你學會多為自己做點事，把自己擺在中心，不再回應伴侶所說所做、可能觸發你上癮反應的一切。你越是練習，就越能為自己多做一些，你能靜下心來，能以自己為中心，能夠成熟，也能舉止合宜。到了最後，你在伴侶的眼中就能變得更「安全」，而從前的他，曾經如此害怕被你的需求吞噬。

4. 建立善解人意的牆（wall of pleasantness）。

當你正在進行「去依戀」而暫時放下彼此關係時，我強烈建議你，對對方的態度要有禮貌，別再想要對方改變或聽你說，而要採取單純觀察的立場，瞭解事情發生的脈絡。

禮貌：無論如何，拿出你對於對方最良好的禮貌，把他當作你非常要好的朋友。不要氣憤回應，而要專注於觀察情況，並保持成人自我狀態（adult ego-state），表現出禮貌與善意，而不是惱怒與悲愴，面露諷刺和擺高姿態也都不適用。

觀察：每次互動的時候，都要以善解人意的牆將對方拋過來惹你生氣的有毒事物彈開。同時，仔細留意眼前發生的事；由於你對伴侶有不切實際的幻想，因此很重要的，是你要轉變態度，積極觀察他真實的面貌，並且去傾聽對方述說他究竟是個怎樣的人。

這道善解人意的牆不同於毀滅的牆，好比沉默之牆或憤怒之牆。在你豎立起毀滅的牆時，你將伴侶排除在外，但你也看不到他是什麼樣的人。但善解人意的牆則表示你態度親切，仍保持著警覺，仔細留意著眼前發生的一切。

雖然話說得不多，但你說出口的話能讓對方知道你有在聆聽。對方感受到你的用心，感覺被愛被重視，這一點非常能平撫避愛者對淹沒、吞噬、控制的恐懼，以及戀愛成癮者對於被遺棄的恐懼。

善解人意的牆同時也有「抑制」作用，壓抑你的那股衝動，以免你拿著鐮刀之類的物品，衝入伴侶的私人空間；這份體貼，幫你克制住你的虐待行為，它讓你從想要攻擊伴侶，轉為相對平靜地待在善解人意的牆後。

採用這道牆，或許令你覺得有些虛偽，因為你其實可能只想詛咒對方。不如就這麼想吧！這是一種手段，能幫助你從關係中上癮的成分分離。雖然這種方法並非永遠都適用，但短期來看，卻是復元歷程中非常必要且有用的一部分。

在你建立起善解人意的牆後，接下來往往是伴侶也以體貼回報你。你會發現，這種情況發生後，你對伴侶的好感會增加。於是，在你使用這道牆時，它感覺起來，就不像最初那般刻意操縱，而比較像你就是一個講道理的人。

善解人意的牆後來往往能變成真心的親切善意，而且許多時候，當你變得親切又講道理，伴侶在你身邊會覺得比較有安全感，也更願意置身在彼此的關係裡。

什麼能協助你走過戒斷期？

下一章針對戀愛成癮者，提供其他有用的工具。他們在復元過程的「去依戀」階段中，往往經歷比避愛者更多的痛苦。

避愛者並沒有對伴侶上癮，因此在「去依戀」的過程不會引發同樣強烈的情緒。避愛者可以直接翻至第十章，描述治療共同依賴症狀的部分。但閱讀第九章也會對他們有所助益，這個章節能幫助他們瞭解戀愛成癮者在與復元奮戰時，究竟經歷了何種過程。

戒斷戀愛成癮

或許你尚未準備好戒斷戀愛成癮，因為共同依賴的症狀仍在，或是因為童年遭受嚴重遺棄，成年後的你仍未就此進行心理治療。如果還沒準備好，就沒有必要趕著去做，除非你沒得選擇。

你沒得選擇的原因，或許是因為伴侶已經離去，所以你不得不承受這個戒斷期。在這種情況下，盡你所能地去面對這些議題，同時從改變自我做起，如此可以讓你的內心希望具備真正堅實的基礎。進入下一段關係（或假使對方是兒女、父母，於是你稍後重拾這段關係）時，更有可能成功。

不過，假使你能在與伴侶分開之前，先從共同依賴復元，或是化解童年遺棄經驗產生的餘毒，戒斷戀愛成癮會更為容易。

閱讀這一章可以讓你瞭解，若真心想要戒斷，那你應該怎麼做。但要是你知道自己尚未準備好，也可以利用這個部分擬定戰略，等待適當時機再派上用場。

面對戀愛成癮，提筆記錄

就如面對其他成癮行為一樣，以下步驟可以幫助你開始戒斷：破除否認並承認自己上癮，承認不良後果，接著介入這個成癮循環。

我替每個步驟設計了紀錄表作為練習，具體的練習就列於第十四、十五與十六章，以下則概略描述了這些問答題的目的以及內容。

承認上癮

第一個練習要求你列出所有曾經有過共同成癮關係的對象。從你記憶中的第一段上癮關係開始，對象可能是你的父母親、哥哥姊姊、初戀對象或是第一個諮商師，一直寫到目前正在戒斷的這段關係為止。

記住，雖然這個對象可能是情侶關係的另一方，好比說配偶或愛人，但也可能是其他人，例如你的兒女之一，或父親母親。回答問題時，清單上的每個人都要寫到。

這個書寫練習，可以引導你描述⑴你是如何歷經戀愛成癮的三項症狀，以及⑵你是如何像圖一所述，走過戀愛成癮者的情感循環。

面對症狀

從清單上的第一個人開始，首先，寫下你是如何分配過多時間、注意力和重視對方大過於自己，讓對方成為你至高無上的力量；其次，寫下你對這個人不切實際的期待，你是如何期望他給你無條件的積極關注，而對方又是如何無法做到，因為他沉迷其他事物，已經遺棄了這段關係，或是即將拋諸腦後。接著，換下一個人，直到你把清單上的每個人都寫完為止。

書寫的同時，你或許能逐漸接受一個事實：**無條件的積極關注，你自己就能給予自己，而且相當接近你所期許的程度，這件事情，其實任何人都無法替你代勞**，不管他們是否沉迷癮頭，都沒有差別，因為他們不過都是平凡人。

在引導之下，你用自己的話語寫下紀錄。而就算真的有人可以給你無條件的積極關注，天底下也沒有幾個能夠持續地給予。

假使這是你的症狀之一，你就寫下當你在一段共同成癮關係時，你是如何不再打理自己，並且不再重視自己。

辨認你如何走過情感循環

這個寫作可協助你辨認出你如何受到對方吸引，在童年幻想誘發時，產生興奮的快感，然後沒有看清對方的真實。這些問答題會帶你從頭到尾檢視戀愛成癮者的情感循環，就同圖一所示：最後現實如何撥雲見日、你的感覺多麼受傷、對方是怎樣遺棄了這段關係、你又計畫做什麼來挽回他、你如何執行計劃、得到什麼樣的結果。而你又如何重新循環一次，無論對象是同一個人還是換了人。並且，也追蹤了自己的正面張力與負面張力是如何發生。

這個過程幫助你進入復元成癮行為的第一個階段——破除否認。「我就是這樣做的，已經重複好幾（或很多）次了。嘿！這些症狀我都有！」

進入哀悼期

承認世上少有人能持續給予你無條件的積極關注，往往會讓人進入哀悼期，所以當這種情況發生時，不要覺得驚訝。藉由寫下這些文字，你放棄了你的止痛藥，就像酗酒的人放棄了酒瓶，而你的「酒瓶」，就是你對他人給予無條件積極關注的渴望。你承認自己或許無法持續獲得無條件的正向關注，好比酗酒的人承認，到了最後，酒瓶並沒辦法真的令他的心裡好過一些。寫下這些，讓你得以放棄某些偏差想法，從而真正介入這個成癮行為。

檢視不良後果

遏阻戀愛成癮的下一步驟，就是去檢視因戀愛成癮而產生的一切不良後果。

以下列舉的嚴重後果，都是我從戀愛成癮者身上蒐集而來的例子，他們在開始面對人生時，與我分享了自己的情況。或許，這些例子有助於你摸清自己特有的不良後果模式：

- **為了依存對象而遺棄自己的子女。父母若是戀愛成癮者，會對成年的避愛者極度癡迷並做出強迫行為，以至於不願意花時間陪伴子女、注意子女或為子女付出；他們依存的對象比一切都更重要，戀愛成癮者寧可著迷於對方，也不願花心思扮演父母的角色。**
- **不斷建立關係，甚至進入婚姻，卻無法長時間維持任何一段關係。**

‧讓自己每天都過著情緒強烈起伏的生活——罕有祥和寧靜的感受，也無法與自我內心安然共處。

‧與自己的成年子女間幾乎沒有親密關係，因為持續專注在戀愛依存的對象上。

‧始終未婚，因為對父母之一懷有依存心理，而無法擁有戀愛關係。

‧若不是心理治療毫無進展，就是在療程中倍受折磨，因為對諮商師產生依存心理。

‧對子女有依存心理，因而錯過戀愛關係。

‧險些入獄，因為痛毆與伴侶發生性關係的對象。

‧依存對象會對他人肢體虐待，你卻容許自己和子女遭受毆打，或其他形式的嚴重虐待。

‧依存對象是有亂倫行為的性成癮患者，明知如此，卻仍然待在對方身邊，容忍自己的子女成為亂倫關係的受害者。

檢視在循環之中，你是如何參與每個階段

這個過程，接下來會帶你審視戀愛成癮慢性發展的進程，正如第三章所述；你要寫下

自己如何走過這些階段，並且判斷你現在正歷經哪一個階段。

幻想、快感以及紓解痛苦

指引紀錄可檢視你最初為何受到吸引，這份愛或你童年創造的幻想是如何啟動，以及那減輕共同依賴症痛苦的快感體驗，這些在第三章都已經詳述過。

你必須明白一點，在幻想階段，你對於現實的某些層面幾乎全然是盲目的。在這個過程中，你仔細端詳了對方真正的模樣，從前你視之為身披閃亮盔甲的武士，或是挽救你於水火之中的超完美女性，如今真相明朗，他或她遠不如你眼中所見的完美。而把這個人視為救贖，是一種幻想。

我發現，有個作法非常有用，就是寫下你正身處於癮頭的哪個階段。你的戀愛成癮已經持續多久？這個分析幫你更全面地探討戀愛成癮帶來的不良後果。

停止循環：介入與戒斷

在記錄完上述議題後，或許你已經得到足夠資訊，得以介入你的戀愛成癮。此時，你脫離關係中的上癮部分，正如第八章所述。

就是在這個時候，有些戀愛成癮者或許會需要醫師開立抗憂鬱藥物，以調適自我傷害的衝動。因為戒斷期的劇烈痛苦、恐懼和憤怒可能會引發這種行為。

他們的強烈恐懼可能會導致恐慌症發作，而暴怒可能會演變成殺人案件。對於依賴藥物的病患，他們適合不至於嚴重影響身心狀態的溫和藥物。這些藥物減輕了強烈情緒，恰恰足以讓戀愛成癮者去進行復元。但這些抗憂鬱藥物只供短期使用，通常是三個月的時間。

化解遺棄的遺毒

當身為戀愛成癮者的你正經歷戒斷期，反覆煎熬著痛苦、恐懼、憤怒和空虛，我建議你接受心理諮商，讓諮商師教你如何「找到」或「找回」你童年被遺棄的過往（個人強烈認為，任何的童年受虐都算是一種遺棄）。諮商師可以協助你記下特定的相關細節，然後引導你將發生經過娓娓道來，讓你能承認並且釋放遺棄造成的過往童年情緒。

檢視現今的心牆

下一步，你必須要看得仔細，現在的你是如何被避愛者百般躲避；看清你的伴侶，是如何躲在心牆後面去閃躲你。或許強烈的悲傷會反覆來襲，這不只是因為當初的照顧者如何遺棄你、虐待你，也是因為現任的伴侶如何逃避你。你可能得花上六到十二個月的時間來完成這件事。在這段過程中，戀愛成癮者多半會感到萬分孤獨。

這段過程，我自認是我人生中最黑暗的時期。然而，我不知道的是，我的外表有了驚人改善，旁人開始留意到我外貌特徵的改變。他們讓我知道，我的臉部表情變得柔和放鬆，口氣也不再那麼衝了。正是他們的評價，讓我明白這些嚴重的遺棄和虐待是多麼具有毒性，摧殘著我們。

處理共同依賴的核心症狀

現在，身為戀愛成癮者的你，必須詳細列出你是如何經歷共同依賴的第四項核心症狀：難以滿足自己的需求和欲求。這個指引紀錄給了你一個機會，清理你至今為止都還沒有妥善照料的需求。你要檢視的，像是性需求、金錢需求、飲食問題和身體上的滋養等等。

隨著日益恢復，你便能開始為自己負責，以健康正面的態度來滿足自身需求。你也許會需要聯絡理財專員，或假使性生活有困擾，你可能會開始做出改變；或好好地呵護自己。你也可以開始處理你所發現的其他成癮行為，例如食物上癮、消費成癮。你的每樣需求以及你加以滿足的方式，都是交互影響的。

從戀愛成癮復元，是整個復元之旅中最難承受的痛楚。然而，面對這個症狀，仍然是我為自己做過最美好的一件事。

痛苦不是敵人，但恐懼面對痛苦才是。我鼓勵你開始面對，因為我親身經歷過，也因為我全心相信你絕對做得到。畢竟，這只是你內心的痛苦，但你可以學習去忍受。

10 治療共同依賴的症狀

如我們所見，共同依賴症的核心症狀，指的是無法與自我內心和諧相處，它造成的痛苦，驅使我們走向一種甚至多種上癮過程。

藉由治療每項核心症狀，我們的內心越來越祥和，這大幅減輕了上癮過程的誘惑力，以及第一章中所提到的次級症狀。

從共同依賴恢復包含兩種不同過程：治療它的主要與次級症狀，以及治療病症的原因。病因就是童年受虐，它荼毒兒童身心，造成的慢性壓力從童年一路延續至成年。你必須要去化解這慢性壓力的遺毒，方法就是**在內心回溯過往，看看究竟發生過什麼事，探討你內心對這件事的感受，無論是你當下身為兒童的感受，還是如今身為成人的感覺**。之後，你也必須看看，這些創傷經驗對你現今成年後的生活，造成了什麼樣不良的後果。

在你著手處理共同依賴症時，務必切記一點，究竟你是正在從共同依賴的症狀復元呢？還是正在治療童年受虐的遺毒呢？這是兩種截然不同的過程，必須分開處理。

治療病因

治療個人過往的遺毒，包含去瞭解何謂虐待、寫下自己受虐的過去、並走過化解心理遺毒的過程。這種化解遺毒的過程，通常在團體中進行，並由諮商師指導和支持；諮商師會指導當事人做兩件事：⑴找回你對童年事件的感受——包含現今身為成人的感受，以及從前身為孩子的感受；以及⑵找到並改變在現在的共同依賴中，仍存有的任何不成熟、有毒、幼稚的想法或行為。

要找回我們對童年受虐經驗的感受，我們會這麼說：「這就是當時發生的事情，現在，我身為成年人，對這件事有這樣的感受。而在我還小的時候，我身為孩子，有那樣的感受。」我們必須從自己內心屬於孩子的那部分，釋出一切的有毒能量，就是在這些非常簡單的陳述中，以及願意去重新體驗過往感受，並去感覺現今感受之中，我們才能化解以往創傷的遺毒。接著，我們進入哀悼期，哀悼童年失去的一切。

為了改變現存的不成熟想法，有個作法很有效——請諮商師、幫助者，或你信賴並且也正在復元中的朋友只要聽到你說出不成熟的想法時，就指正你。連續幾次後，我們就漸漸能注意到自己的不成熟，開始去糾正它，藉由無須羞愧的自我對話來詢問自己，對於眼前的這個問題，如何才是比較成熟、合乎現實的思考模式？

在我從戀愛成癮者身上聽到的不成熟、幼稚、毒害心靈的想法中，常見的例子包括「總有一天，父母不曾給我的，會有人為我全部做到」、「人生應該是公平的」、還有「我沒辦法忍受」。

治療主要及次級症狀

大多數的人在處理主要症狀時，都需要建議與協助，我們必須學習或重新學習，如何去看重自我（建立自尊）、發展界線、瞭解自己並適當分享、兼顧自我與他人的需求和欲求、以自我為重並且中庸合宜。

雖然在處理主要症狀之前，極難對付次級症狀，但是在主要症狀做了些許治療之後，次級症狀也會有所改善。我們會開始找到方法去停止負面的控制；也能以憎恨、循環舊有的怒意和報復以外的心態，來面對不公平的議題。無論靈性對我們的定義為何，我們變得有靈性了。我們避免藉著癮頭或身心疾病來規避現實，同時也變得能與人親密。

治療共同依賴終有結束的一天——我們並不會永遠治療下去——平均花上三到五年時間。不過，多數人會覺得，之後持續戒癮十二步驟療程，有助於避免重蹈覆轍共同依賴的行為。

治療共同依賴的各個階段

隨著以上復元工作的進行，人們在童年議題以及成年症狀的治療上，通常都會經歷數個階段。只要你還處於下述各個階段，我強烈建議你不要急於重修舊好或者另尋發展。以下是各階段的簡介。

1. 否認

童年方面：「我小時候沒有被虐待。」

成年方面：「我沒有共同依賴。」

2. 指責侵犯你的人

童年方面：「我承認我被虐待，但這都是我父母的錯，如果他們沒辦法治好自己，我也沒辦法。」

成年方面：「我有共同依賴，但除非我的伴侶先治好，否則我無法痊癒。反正，我會生病都是你這個伴侶的錯，如果不是因為和你在一起，我根本不會有共同依賴症。要是和正常人相處，我根本不會這樣做。」

雖然我們不應該為了自己無力復元而指責他人，但我們確實需要面對現實，認清自己所受到的傷害，而且明白那些傷害我們的人應該要負責。

3. 承擔責任

童年方面：「我已經知道，我的主要照顧者要為了對我做過的行為而負責。而且對於童年時期發生在我身上的事，我有我自己的感受。」（能夠如此陳述，表示在童年受虐的議題上，我們的共同依賴已經開始復元了。）

成年方面：「對於共同依賴以及從它的症狀復元，我必須自己負起責任。」

這個時候，有些人已經準備好重新開始他們的關係，但是多數人仍然不行。

4. 浴火重生

在這個階段，你或許可以準備重新踏入你的關係了。

童年方面：「在我放手童年事件產生的強烈情緒時，我對於童年受虐所產生的感受開始減輕了。」（大約就在這個時候，你可以開始向重新建立關係的另一方要求親密和支持。）

成年方面：「在我從機能失調以及自我挫敗中復元，並且能打理自我生活時，我漸漸感覺到自己有能力、有希望。」

當你的成年生活來到第四階段，已經發展出自我照顧的技能，不再凡事依賴你的伴侶。現在，不管你是戀愛成癮者還是避愛者，都可以準備重新步入關係了。

5. 全面整合

在這個階段，童年問題以及成年症狀達到彼此一致：「我已經明白，昨日的事情造就了今日的我，我很感激，因為我明白了虐待所造成的問題，是如何一步步引導我追尋靈性，賜予我深刻的性格與智慧。」

從共同成癮關係復元時的五個同步進程

在治療依存關係時，有五個復元進程彼此穿插，復元是從第一個開始，一路發展到第五個，但是可能有一個以上的進程同步進行。在我看來，過早重拾關係並不明智，但與此同時，你並不希望治療拖得太久，導致你錯過修復關係的機會。因此，為了讓你明白何時修復關係才算安全適當，我要列出以下五個進程，並指出什麼時候才適合重拾這段關係。

1. 成長

這個進程，意味著正視疾病的五項主要症狀，以及開始加以治療，它包含了學習如何擁有自尊、界線、自我意識、自我照顧以及適度。

2. 面對現實

一旦你開始正視和治療第三項核心症狀——難以承認自我現實——這個進程便開始了。面對現實，意指去觀察自我和觀察他人。但我不建議在此時展開新關係或者修復舊關係。因為，面對現實這部分的過程，可能意味著望向伴侶說出：「讓我離開吧！」

雖然你對伴侶實際面貌的第一反應或許是分手，但在進一步的復元後（尤其是增加成熟度、改善界線與更能照顧自我後），伴侶的缺陷也許就不再那麼糟糕透頂。

3. 哀悼失去

哀悼失去，意指對你在童年失去的一切，以及這個疾病在成年後讓你付出的代價，能夠湧起內心的感受。在這個進程與下個進程之間，或許是你重修舊好的時機，尤其是在你哀悼到足夠程度之後。

4. 學著重新培育自我

在你開始處理第四項核心症狀，也就是難以滿足自我的需求和欲求後，你就開始學習去重新培育自我。這個進程包括學習如何肯定自我、呵護自我，以及有所限卻不羞辱自我。

5. 學習寬恕

寬恕，指的是放棄那份欲望，不再想著讓虐待你的那個人得到足夠懲罰；這第五個進程，包括寬恕自己為了心理失調而耗費人生，以及寬恕主要照顧者所做的一切。有些虐待非常嚴重，以至於寬恕這個話題，應該等到受害者主動提起，才行討論。

如果你曾是虐待他人的侵犯者，我建議你先學習寬恕自己，以及取得你至高無上力量的寬恕。至於尋求受害者的原諒，也許該等到當事人自己提起再說。

我明白這似乎與傳統的宗教教誨相牴觸，但在處理嚴重的受虐情況時，侵犯者若過早要求受害者的寬恕，不過是為了讓自己好過罷了，可能只會惡化受害者的處境。

將扭曲的思考修正過來：戀愛成癮者

戀愛成癮者在正視第三項症狀——難以承認自我現實——的時候，必須正視數種扭曲的態度或信念。他必須改變的主要態度之一，就是期待某人能一直給予溫暖的個人關懷和照顧。這種期望對孩子來說是正常，但對成人而言卻是不切實際。

隨著共同依賴症漸有改善，你會調整自我想法，接受一個事實——**只要能夠有時得到他人溫暖的個人關懷，就是何其幸運**。

在復元的過程中，你會發現，當你的真實自我剛好也符合伴侶心中的期待時，這情況發生機率最高。或者，你對某件事物的價值體系剛好與伴侶的不謀而合，於是伴侶覺得舒服，同時你也不會遭受貶損。然而，在治療戀愛成癮時，**你不會為了獲取贊同或溫暖關懷，而去重塑或粉飾真實的自己**。

戀愛成癮者必須接受現實，旁人或許不會喜歡他們的選擇、想法或實際感受。走在復元的路上，你要明白，當你之所以為你或你處世的方法，與別人的價值體系或別人對你的期待互相衝突時，你可能得不到溫暖的個人關懷。無論這個選擇對你而言有多麼健康，如果別人為了你的選擇必須有所取捨，或是勉強答應，他們就不太可能會喜歡這個選擇——即使他們尊重你選擇人生的權利，因此而接受了這個選擇。有了健康的界線，你就能明白這個道理、預期到這個狀況，並且不為所動地做自己，放棄在別人眼中那十全十美、不切實際的期望。

致力於治療第一項與第四項共同依賴的症狀（難以擁有適當自尊、難以照顧自我），對這重要的態度轉變會大有幫助。在復元的過程中，**你生命中最重要的、能持續給你溫暖的個人關懷的那個人，就是你自己**。你全心全意從內在散發出溫暖的個人關懷，因為你的共同依賴第一項核心症狀——自尊問題——已經治療到一定程度，而你日益能為自己的需求和欲求負責，也增強了你向前進的動力，並且在忠於自我時更具信心，相信自己的需求和欲求會獲得滿足。就算生命中的其他人撤回了他們的支持也無妨。藉著恢復自尊和自我照顧，你就能漸漸遠離黏結伴侶的念頭，並且學習健康的親密關係。

舉例來說，一位忙碌的主婦或許會選擇告訴家人，她不打算再花時間去翻找髒衣服的口袋，只為了在洗衣服之前，把裡頭的個人物品拿出來；她也不會再在丟進洗衣機之前，把衣服翻回正面。家中成員必須確保口袋是空的，不然就等著口袋裡的東西被洗過一輪，或是確定衣服翻回正面再放進洗衣籃，不然就會發現洗好的衣服還是反面朝外。他們也許能理解她這樣做的原因，甚至接受他們的新責任，但可能不會喜歡額外的工作，或者在忘記檢查口袋時，可能會不高興自己拿回了一個濕透的皮夾。

這位主婦儘管注意到家人對這番決定有所抱怨，依然能感到心裡舒坦，對自己有溫暖的個人關懷，不會只因為家人不喜歡她的決定，就代表她「做錯」任何事。同時，她也承擔了對自己的責任，讓自己少忙一點，將更多的家事責任分攤給家中其他成員。

再舉個例子。詹姆斯是個依存母親的戀愛成癮者，他想當老師，但母親卻一心要讓他當上能賺大錢的律師。她很不高興詹姆斯拿到了博士學位，卻接受一份私立小學院的教職。

詹姆斯一方面有權選擇自己的行業，但他也必須接受母親不喜歡他的行業，這種價值衝突的例子，或是一人的天性行為造成另一人的不舒服，在親近的關係中都屢見不鮮。僅僅因為母親不喜歡他選擇的職業，不代表詹姆斯就「做錯」了任何事情。隨著日漸復元，詹姆斯對自己想當老師的欲望負責，並且能坦然接受自我，他明瞭母親不喜歡他的生涯抉擇，但僅止於「明瞭」即可。

復元中的戀愛成癮者必須調整的第二個扭曲思考，就是停止把任何人視為優先、全能、而且完美——也就是視為至高無上的力量。每個人都是如此不完美，並且生而平等。共同依賴的第一項症狀若能有所改善，也就是感受到適當程度的自尊，能夠大幅協助復元中的戀愛成癮者調整觀點。

戀愛成癮者必須改變的第三個態度，就是擺脫別人會照顧他的觀念。我再說一次，這種想法適用於兒童，但我們是**成年人，應該各自為滿足自身的需求和欲求而負責**；共同依賴第四項核心症狀的復元，極有益於改變這機能失調的態度，邁向健康的自我照顧。

將扭曲的思考修正過來：避愛者

在避愛者開始處理第三項核心症狀——無法承認自我現實——的時候，他必須調整幾種不恰當的態度；必須被糾正的一個最主要觀點，就是對親密的錯誤認知。

由於在兒童時期，他們經歷了情感型性虐待，或許公然，或許私下，因此他們學到的親密就是指別人黏結他們，逾越他們的界線，而且在這過程中，避愛者會喪失自我意識。

但是，**健康的親密只是和他人分享自我現實，並且接受他人現實，彼此都存有界線**，所以無論是黏結或其他方式的虐待都不會發生。

努力治療共同依賴症第二項和第三項的核心症狀，也就是難以劃設界線與難以承認自我現實，能夠有效幫助避愛者改正他對親密的錯誤認知。

如我們所見，避愛者並不樂於分享他們想法、感受、需求或欲求的親密細節，深恐對方會利用這些資訊，去操縱或控制他們來照顧對方。許多避愛者甚至在某些方面上，已經離真實的自己太過遙遠，搞不清楚他們對許多事情的感受和想法。

在避愛者改善共同依賴症的第三項症狀——難以承認自我現實——之後，他們會發現，瞭解真實的自己變得容易了，一旦瞭解到自己的真實想法、感受後，舉例來說，復元中的避愛者就能學習如何和他人適當分享自己的現實；並且，有了健康的界線，他們在分享資訊時就能更為篤定，知道好的界線能保護他們，不被有心人士控制或操縱。

除此之外，在避愛者更能發展出健康的界線後，他們會發現，接受他人現實的感覺不再如此毒性猛烈。復元中的避愛者也許會對這些資訊產生共鳴，或是雖然注意到，但選擇把它排除在腦海之外，僅僅只是覺察到對方的現實狀況。

因為有了健康的界線，復元中的患者不再被壓得喘不過氣，或因受制於他人的現實，而觸發非理性的恐懼或著迷的念頭（但是對於「嚴重侵犯者」，健康的界線通常無法提供足夠保護，此時最好改採心牆）。

倘若伴侶的戀愛成癮症狀仍然嚴重，這種復元與改變就會變得更加困難。由於對方是戀愛成癮者，會試圖黏結他，甚至利用親密資訊試圖操縱和控制，所以在努力和伴侶建立親密關係時，避愛者的問題之一，其實就是伴侶本身。

避愛者還有另一種扭曲的信念，以為他們的工作就是要照顧對方，如果沒有善盡職責，對方就會對這段關係失去興趣；但是**在健康的關係中，沒有哪個人得照顧另一個成年人，大家都得為照顧自己負責**。

甚至，避愛者得要調整那種倍受尊崇的狀態，讓別人把自己擺在優先、全能、完美的地位，並不恰當。

許多避愛者都誤以為，一個依賴又需要幫助的人非常安全，易於控制。但這種信念必須調整：一個依賴又需要幫助的人並不安全，這種人會壓榨伴侶，想要伴侶來扶植他們，滿足他們絕大多數甚至全數需求。因此，受到這種人吸引而展開關係是非常危險的。換句話說，就是不安全。我們必須明瞭，**人在關係之中之所以能保障自我安全，是藉由界線，而非藉由他人能力受到貶低，或是控制那個人的可能性。**

此外，避愛者在面對一個表達需求又很會依賴的人，容易變得無法照料自己。為了照顧對方，他們往往傷害自我權益，最後導致憎恨心理，並因此覺得沉迷在關係之外的癮頭是天經地義。

努力治療共同依賴的核心症狀，會有助於逆轉這個過程，令復元中的避愛者能為自我挺身而出，也讓他們在無力照料伴侶且不損害自我時，能容許伴侶另尋資源。

許多避愛者還應該調整另一個信念，就是表露脆弱的人不見得就不如你，或者價值較低。依據個人的天生特質，而替對方貼上「不如自己」的標籤，是共同依賴的毛病之一。若能逐漸治癒第一項核心症狀——擁有適當自尊——就能改變復元中避愛者的想法，瞭解每個人的內在價值都是一樣的。

學習接受他人的價值體系

一直到我開始執行從共同依賴症復元的五項症狀之前——學習自尊、劃設界線、瞭解自我、照顧自己、並且適度作為——我很難忍受丈夫和我的價值觀有所出入，我想改變他的價值觀，好讓自己舒服，並且讓伴侶的行事作風符合我的價值觀。

我丈夫成長於愛爾蘭的天主教家庭，而我的成長背景卻是德國清教徒，他的價值體系中有些觀念迥異於我的想法，我覺得難以接受。當然，他看見我那德國清教徒的想法與習慣時，也認為我很奇怪。所以這表示什麼呢？表示我們的價值觀不同罷了。

一種價值觀或者信念會影響我們認為世界應該如何運作，而我們又應該怎麼待人處事。如果我們違背自身的價值觀，或違反自己的原則，就會覺得有罪惡感。假使伴侶要求我們違背價值觀，便會帶來衝突——不是我們遷就伴侶，內心感到罪惡，就是我們拒絕而導致不合。

夫妻之間的價值衝突，好比一個人贊成墮胎，另一個人卻反對。再舉個例子，一方認為可以靠賒帳度日，另一方卻覺得只應該花手頭擁有的現金；一人可能覺得昂貴的化妝品真的效果奇佳、非常有用，另一人卻認為這簡直可笑又浪費錢。或者，也常常為了「時間」起衝突：一人或許認為不守時代表不負責任，另一個人卻或許認為準時沒那麼要緊，約會常常遲到。

一個人一旦建立起一套價值觀——相信世界應該如何運作，而又該如何待人處世——當看見某人不遵守這套觀念時，他往往會變得尖銳又充滿批判，甚至把對方看作低人一等或品行不良，而他會做出這樣的銳利批判，正是出於自身的共同依賴症。

在復元之路上，尤其是修復關係的路上，認識伴侶的價值體系是相當重要的。**只要對方的價值觀不算是對我們的虐待，我們就應該停止要求對方改變**。而且，我們必須容許伴侶依據他的價值體系來處世，我們自己也是如此。價值觀通常不易妥協也不易改變，尤其是在金錢、性、墮胎和其他人生問題。

然而，有些價值觀的衝突會非常劇烈，或許會替一段關係畫下句點。以莎莉為例，她是戀愛成癮者，嫁給了柯克。當時柯克真正的價值觀還不明顯，因為莎莉為自身的幻想所惑，以為她虛構英雄的價值觀就是柯克的價值觀。直到日漸復元後，莎莉才發現在某些重要區塊上，柯克與她的價值體系嚴重相左。「私底下的他」，可能是個小偷、強暴犯或施暴者。

同樣的事情也可能發生在柯克身上。莎莉是個戀愛成癮者，一開始會費盡心思，表現出讓柯克覺得甜美可人的一面，所以她可能刻意隱瞞，不讓柯克發現她的價值觀不同。但在復元的過程中，莎莉開始誠實面對自己的價值觀，於是柯克發現了雙方想法之間的差異。由於柯克只有依循他的價值體系才會自在，而莎莉也只有依循她的價值體系才會愉快，彼此就沒有太多空間退讓，解決問題需要其中一方改變自己的價值觀，但這樣太強人所難了。

不過，若是從成癮行為復元，就需要調整價值觀。性成癮者極度重視性，酗酒者非常重視飲酒，消費成癮者則倚賴賒帳過活……諸如此類，必須要等他們調整對成癮物質的重視程度，避免自己再次對那個東西強迫與癡迷，復元之路才能開始。因此，如果兩人都在復元當中，最好先看看從成癮行為復元後會產生何種變化，再決定伴侶對那個上癮議題的不同價值觀是真的無法接納，還是可以忍受。

這種雙方的價值觀調整，以及接納另一半新發現的價值觀，同樣必須先等到從共同依賴症復元後，才能擁有成熟的態度，並以此治療依存關係中雙方各自的症狀。

修復舊關係或步入新關係

我相信，**建立關係的主要目的，在於讓兩個人藉由親密而產生連結，如此雙方都能獲得對方的支持，在減輕人生負擔之餘，同時也增進生活樂趣**。而我們需要多少成熟度才能維持一段健康的關係，就反應在我們的自尊心、劃設界線的能力、妥善的自我感受、增強的自我照顧能力，以及適度向伴侶表達自我的能力（並且適時又適當）。換句話說，從共同依賴的核心症狀恢復，對於一段成熟且提升的親密關係可說是不可或缺。

復元的下一階段，就是修復舊有的關係；在復元的過程中，我們懷抱著兩項要求進入一段關係：親密與支持。每項要求都必須清楚直接，向伴侶直接口頭表達。同時，我們也聆聽和回應伴侶對親密與支持的要求。

對親密的要求

親密，意指分享和接收現實時不帶批判，我們能夠分享三種形式的現實：身體、想法和感受。

分享你的身體

我們在身體方面，可以有兩種形式的親密舉動：交換肢體接觸，以及交換性接觸。肢體親密包含各種形式的肢體接觸，展現出情感和關懷，卻不會引發性興奮，它的主要目的在於撫慰伴侶或撫慰自我，例如像牽手、擁抱、上床睡覺時在棉被下碰觸彼此雙腳、幫對方按摩頸背或讓對方幫自己按摩頸背。

在直接要求肢體親密時，你可能會這麼說：「你願意抱我一下嗎？你願意牽我的手嗎？」

你的要求不是「我可以抱你嗎？」而是「你願意抱我嗎？」這個要求是要伴侶以擁抱你的方式，主動開始親密行為。復元中的患者知道何謂界線，也已經發展出界線，他們會利用外在界線系統去協調這些事情。

性親密包括以性行為分享身體，它的目的在於引發性興奮，你在要求性親密時可能會這麼說：「今晚你願意和我做嗎？」

分享你的想法

知性親密就是和伴侶分享想法，或是傾聽伴侶的想法。它有個很重要的層面，就是**你清楚知道並能確切說出所分享的內容是你自身的想法，但不見得為客觀事實**。

在開口要求知性親密時，你或許會說：「我得要和你討論這件事，你願意和我談談看嗎？」你也可能會這麼問：「你願意在早上七點的時候和我一起吃早餐，我們好談談如何翻修廚房嗎？」也可能會說：「我一直在考慮一件事，讓我們能有更多隱私，不受孩子打擾；你想跟我談一談這件事嗎？」

分享你的感受

情感親密為流露你的情緒，或是在他人表達情緒時仔細聆聽。知性親密和情感親密往往是緊密關連的，在我們吐露想法時，相關感受也就隨之顯露。

你可能會這樣要求情感親密：「你願不願意聽我分享，我對剛才那件事的想法？」或「對於剛剛發生的事情，你願不願意告訴我，你心裡有什麼感受？」

要求支持

要求支持意指要求伴侶協助滿足一項需求或欲求，如果直接開口，你可能會這樣說：「我今天晚上想去看這部電影，你願意和我一起去嗎？」或是，要求對方支持一項肢體需求，可能是「你可以看一下我的手指，想辦法拔出那根刺嗎？」其他要求滿足肢體需求的支持，包括拜託別人幫忙抓背、替你按摩頸部，或替你包紮一個你自己碰不到的小傷口。

而要求情感支持可能是「你願意和我一起，參加我兒子的畢業典禮嗎？跟前夫以及他全家人見面時，我希望你能給予我情感支持。」

要求對方給予時間、注意力和意見的支持，則好比「針對我現在面臨的事業問題，你可以給我一些意見嗎？」或者「你可以和我一起去買東西嗎？我想要你幫忙看看這件套裝好不好看，告訴我你的想法，我好決定到底要不要買。」

提出要求後應遵循的方針

如果你是共同成癮關係中的一方，在嘗試與人相處時，採用的行為模式並無法達到效果。而這些行為模式是被設計來想方設法，強迫伴侶滿足你的需求，並且與你親密相處。但現在你已經日漸復元，開始提出特定要求——並非要他人滿足你的需求，而是為了表達出你的需求——同時留給對方空間，去選擇是否回應你的需求。下一步驟，就是要學習在提出要求後，應該怎麼去做。

這些方針來自我的良師益友，珍妮．赫莉，讓我能夠以健康的行為來取代過往的操縱和控制，使我獲益良多。因此，我提供給各位，同時告訴你們，我是如何解讀這些方針的。

當你忍不住想回到過往的行為模式時，這些極有幫助的規則可供你遵循。

①出現

直到目前為止，關係都處於暫時放下的狀態，現在你重新步入這段關係，更頻繁地出現在對方面前，相較於把個人的治療和復元視為唯一要務，現在你把出現在對方面前也列為要務。

舉例來說，如果一對夫妻決定暫時分居，「出現」可能意味著再搬回去同住。如果他們一直住在同一棟房子裡，「出現」就表示定期外出共進晚餐。

②留意

在伴侶面前時，積極聆聽伴侶描述他所發生的事情。

③說實話

在這個時刻，你必須極度誠實，但這不代表你要將自己全盤托出，這種做法通常沒什麼幫助。將某些事情默默放在心中，對你才是最好的。伴侶不需要對你瞭若指掌，但在你選擇分享的事情上面，你確實是實話實說。

進行心理治療時，你可以尋求必要的協助，以便釐清哪些資訊屬於個人隱私。如果伴侶詢問到你不想提供的資訊，但你也不想撒謊，你就簡單回答：「我不想討論這件事。」這樣的回答也是事實。

④開口要求需要及想要的事物

清楚表達對親密和支持的要求。表露你的需求或欲求，以及你希望伴侶如何去做，來協助你照顧這項需求或欲求。

⑤放手不執著於結果

你向伴侶要求親密或支持時，對於對方的回答，你要放下任何的情緒投資（emotional investment）。提出這項要求，是為了確認你的需求和欲求，並且向伴侶開口說出，這能協助你練習在表露自我需求時，不會採取隱諱、迂迴、模糊、令人難以理解等往往造成誤會的方式。無論伴侶如何回應，你的態度都應該是：「這就是我伴侶今天的回應啊，挺有趣的嘛！」

用一個清楚的「不」字來回應你，不見得就是否定你這個人，只是在表示這個時間點，對於你所要求的這個特定事項，對方不願意去做罷了。瞭解到其中的區別，對恢復關係來說相當重要。

我明白很難，但這樣才能轉移焦點，淡化你對於控制的需求或是操縱伴侶迎合你心意的需求。我發現自己需要極大的勇氣，才能提出一個簡單要求，然後放手不加以干涉。

⑥學習對伴侶的「不」感到高興

當你提出對親密和支持的要求，卻收到「不」這個答案，你要學習滿足，甚至對這個答案感到高興。隨著成熟度增加，你漸漸能接受伴侶為了照顧他自己，有時就是得拒絕你。你可以學著不要把這件事視為對你有意見，並且高興你的伴侶能夠照顧他自己。即使這樣對你沒什麼幫助，也沒有關係。你可以接受並且對這個事實感到高興，因為你現在能把自己打理得這麼好，你正在從共同依賴症復元，也在處理第四項主要症狀，還學到如何兼顧自我的需求和欲求，你的生命中還有其他人可提供幫助、支持和親密，你並不是那麼依賴你的伴侶。

⑦注意你所得到的

與其堅持一定要得到「好」這個結果，或是因為你不喜歡伴侶的回應，就拿同樣問題反覆煩他，不如好好清點你提過哪些要求，你獲得多少個「不」，又獲得多少個「好」。清點要求，可以幫助你回答這個問題：「我要怎麼知道該維繫這段關係，還是放手離開？」只要追蹤你獲得多少個「好」，讓你能對這段關係滿足，你就會知道答案。

這是個人抉擇，你要如何下決定與他人無關。**現代的許多關係都不是為了「生存」建立，而是為了「支持」**。因此，選擇留在一段極度缺乏支持的關係，可能不太明智。

然而，在某些情況下，由於我們中有些人的遺棄問題如此嚴重，可能就會有特例；有些戀愛成癮者曾經歷過嚴重虐待，擁有一個機能失調的伴侶，或許還比單身好些。我只有在一種情況下會過問，就是是否有暴力的肢體虐待、性虐待或言語虐待（verbal abuse）發生，尤其是在家有幼兒的情況下。

假使我們的朋友身處於十分缺乏支持的關係中，或身為諮商師的我們在治療這樣的病患，請切勿鼓勵他們分手，甚至不要說出這種話：「嗯，你一定是哪裡出了嚴重問題，才會跟這種人在一起，只要是頭腦清楚的人都會分手。」這並不妥當。這個人需要過什麼樣的人生，不是我們可以干涉的，我們無從得知他分手後究竟會不會過得更糟。或許對他來說，和別人共同生活在一個屋簷下是最起碼的要求。

我發現，在開始自共同依賴復元之前，就開始嘗試清點「不」與「好」的回應，幫助並不大。隨著你日漸增進能力，可以照料自己的需求和欲求，並且自在地承認這份責任，你對伴侶的需求也就降低了，你所獲得的「不」，也就沒那麼困擾你了。

另一個常見的陷阱——我自己就曾犯下如此錯誤——就是在共同依賴復元之前，我們傾向追蹤「不」的回應，卻忽視了「好」的回答，連「結算」一下這兩者多寡都沒想過！我們的伴侶會注意到這一點，因為他們看得出來，我們常常做出錯誤結論。我們告訴他們：「你從來沒讚美過我，」或「我喜歡的事，你一件也沒有陪我做過，永遠都是做你想做的事。」但是事實上，伴侶說「好」的次數，可能比你想的更頻繁。

例如，某個人要求伴侶在讚美時，要更發自內心。幾天後，伴侶讚美他了，他卻在心裡輕易地一筆勾銷。好比杰德告訴室友肯特，他很喜歡肯特擺設客廳家具的方式，肯特一邊聽著，心裡卻想著：「杰德這樣說，只是因為我要他多讚美我，客廳明明就還要再調整過，才會真的舒服。」就這麼勾銷了杰德的讚美。

杰德所做的，正是肯特要求的：找個他真心認同的東西，然後給予誠心的讚美。然而，肯特的思考歷程卻讓他可能會忽略掉杰德肯定他的事實。

如果思慮過多，甚至可能把「好」變成了「不」。我記得，自己曾經歷過完美的支持經驗，但是都還來不及結束，就已經變成我最糟糕的遺棄經驗。要是我們童年的遺棄經驗相當嚴重，就會總是懷疑別人要遺棄我們。

把「好」變成「不」的例子可能就發生在以下所述的情況——

莎拉拜託弟弟鮑勃，在前往丹佛的路上拜訪潔西姑姑一趟。鮑勃雖然素與潔西姑姑不睦，還是答應過去一趟，但他說這樣感覺不太舒服，結果莎拉生氣地說：「喔，那就不要去啊！反正我也不想你去！」

莎拉將鮑勃的「好」轉換為「不」，而不是接收到他的「好」，同時允許他有不舒服的感受。

回應伴侶對於親密和支持的要求

這個歷程的另一面，就是學習去評估該什麼時候以及如何去回應伴侶的要求。伴侶有求於你時，你有時會難以判斷是否應該回應。如果我們已經不再討好他人，或者我們正努力要負起照顧自己的責任，此時我們該依循何種準則呢？決斷該如何處理時，怎樣做才算合理的方式？我自己的經驗法則如下：如果代價不會太大，你就同意；太高，就拒絕。

例如，伴侶或許會要求進行性行為，但你有點疲倦，得花點力氣才能進入狀況。然而，照顧好這段關係很重要，你願意打起精神去做這件事。堅持只有在百分百情願時才和對方進行性行為，通常行不通。因為等情侶關係延續一段時間後，堅持雙方都要同時百分百情願並且有「性」致，能做的機會大概就寥寥可數了。因此，總有些時候，你可能得要妥協你心目中的理想時刻，去回應對方的要求。

不過，倘若你過於妥協，甚至傷害到自己，那就得拒絕。舉例來說，伴侶也許要求進行性行為，但你腸胃病毒感染，很想嘔吐。如果要做這件事，你會非常不舒服。這時，你就應該拒絕。

在某些比較微妙的情境下，需要花點工夫好好練習，才能發展出這樣的覺察。

相處的方針

以下的方針，是培德和我在彼此的關係中摸索出來的，我們覺得相當有幫助。尤其，適用於討論事情，或者分享彼此的知性真實與情感真實的時候。

① 在衝突當下，不要急於指責

當你為了某件事而與伴侶爭吵時，不要批評他是錯的，只要陳述發生的事情，以及你個人的感受即可；我發現，這件事得要經過大量訓練才能做到。

在陳述你察覺到的事件時，切記，不要隱含或者公然包含對方低於你的訊息。例如，說這句話就是暗示對方低於你：「你在車庫裡像個蠢材一樣……」更適當的陳述可能如：「昨天你走進車庫，很大聲地跟我說……」描述當時狀況就好，不要給對方貼上標籤。

② 不要記仇

當伴侶為了你的行為與你爭吵，不要扯到伴侶上週做同樣的事做了幾次。伴侶上週的行為與這週的對話無關。你們兩人討論的，是你這個禮拜做了什麼。

③ 不要為看法（或事實）爭辯

要瞭解每個伴侶都擁有自己的感覺。你的工作，就是去分辨屬於自己的感覺，並且聆聽伴侶的感覺。我們要對伴侶表達最大的尊重，或許只需要不帶批判地聆聽對方是怎麼樣的人，也不要嘗試叫伴侶改變他的現況。

舉個例子，你和你的摯友伊莉莎白正看著一隻烏龜。你說：「好漂亮的綠色！」但伊莉莎白說：「不對，比較偏向藍色。」

當你覺察到在伊莉莎白的眼中，這隻烏龜是藍色的，不要想說服她烏龜是綠的，就讓伊莉莎白擁有她的事實，她才能感受到你的愛。而你保有自己對綠烏龜的感覺，然後放下這件事。

起初，這種舉動可能看似不誠實，但是開始這樣做以後，我非常訝異地發現，我後來往往就能「看見」那個藍色了！同時意識到不同的感覺方式幾乎無所不在。之後，遇上與我意見相左的人時，我不再覺得那麼不舒服了。

④避免在衝突時恐嚇要遺棄對方

人們一旦意識到自己處於劣勢，常以「遺棄」來威脅伴侶。如果你發現自己正陷入爭吵，而且伴侶佔了上風，你要盡量避免說出：「我出去了，不知道會幾點回來。」或是「也許我們根本不應該在一起。」

不過，假使你感到雙方對話漸漸提升到無法忍耐的緊繃程度，倒是可以協調給彼此留些空間。在你這麼做的時候，想不帶恐嚇意味，就要用類似以下的話來暗示你會何時返家：「我需要出去走走，兩小時後就回來，到時我們再來討論這件事。」接著信守諾言，在兩小時後出現。

⑤溝通時不要超過四句話

這個非常有用的方針，是我向珍妮學來的；在開口要求、描述事件或尋求支持以前，想想你待會要講的話，盡量以四句話表達，然後來個深呼吸。

除此之外，在你的四句話中，要避免常犯的錯誤：

- **盡量避免抱怨。**
- **盡量避免去指責，別非得要一個人對、另一人錯。抱怨和指責都會模糊焦點，就算你再有道理，也是枉然。**
- **盡量不要解釋和辯白你做一件事的原因。有時候，人會質疑他人，要求對方對於自己的行為或選擇給個交代。但你沒必要為了回應這些質疑，而開始解釋和辯白。成年人不需要向其他成年人解釋自己的行為。一旦你開始解釋，聽者往往就不再仔細聆聽，他知道你打算要開始說教，或是掩飾自己的錯誤。沒有人喜歡聽訓，避愛者對這件事尤其敏感。**

舉例來說，在復元之前，吉妮一向都會花個十分鐘，拜託室友貝蒂在回家前，先去雜貨店買條麵包。吉妮會抱怨她睡得多差，頭又有多痛，來證明她為什麼不自己前往雜貨店。

但貝蒂常常摸不清楚吉妮真正的意思，就沒有停下來買麵包。於是吉妮失望之餘，雙方就爆發爭吵。

現在，吉妮會說：「貝蒂，回家的時候可以順便買點麵包嗎？」貝蒂會回答：「好啊。」只需要這麼說，就能達到目的。

當然，若情況改變了，或是你必須改變的計畫牽涉到他人，那麼有個簡短的解釋會比較有禮貌。

不要管你的伴侶是否遵循上述方針

這些方針是讓你遵守的，至於你的伴侶是否遵循，與你並無關係。如果你遵守了，你所體驗到的改變會讓你的機能更為健全。

當你的孩子告訴你：「媽媽，爸爸說你這樣那樣，那你覺得呢？」你可以提供他們一些訊息，但不需要說對方錯了。你說：「我個人的感覺是如何如何。」

對於他們詢問的這件事情，你只是解釋你個人的感覺，這樣就能避免評斷對方為錯誤的一方。而且，你拒絕牽扯到其他與孩子無關的事情上。你要堅守主題，並且簡短說明。

如果另一方指責你，說你錯了，你就專心劃設一條健康的內在界線，並且禮貌親切地回應。

採取觀察的態度，平靜地告訴自己：「喔，看看，我的伴侶正在指責，我的伴侶正在經歷第一項核心症狀，爭論我錯但是他（她）對，這不是挺有意思的嗎？」你就留意他做的這件事即可，但不要陳述你個人的觀察。

等你的伴侶講完後，點點頭，表示有聽到他所說的話，然後繼續做你手邊的工作。以良好的禮貌應對，不但是種健康的相處方式，它也有「復元」上的理由——避免提供伴侶彈藥，讓對方對你有所不滿。

理解力就是復元的主要工具

在這種觀察模式下，我們受到理解力引導，而非被情緒左右。

復元主要都是在腦海中進行——藉由思考，我們就能創造出強烈的情緒體驗。

舉例來說，你萌生的第一個念頭或許是「竟然控訴我是錯的、她是對的，我才是受害者吧！」一股情緒龍捲風隨之開始形成。

但當你能以更理性、更有邏輯的方式思考，對自己的內心世界負起責任，就能做許多事來緩和情緒，甚至避免創造出有毒的情緒體驗。

我發現，要解決這種具緊繃傾向的思考方式，進入「觀察」會非常有幫助，默默地留意：「蠻有意思的嘛！我的伴侶正在指責（或爭論事實或算帳或任何行為）……。」

該如何排解復元期的情緒

雖然我說過復元主要是靠理解力，但我不是說你的情緒必須如槁木死灰。處於復元階段的人，當然能有成熟的成人情緒，既能感受得到，也能適度加以表達；復元中的人在決定如何行事時，不見得總是以自我感受為準，隨著復元程度增加，他們也會逐漸減少和降低那些機能失調的極端情緒。

要開始回復一段關係，有個很好的方法，就是先照顧好你自己的情緒張力。然後在接近這段關係時，能健康地掌控自己的情緒，並且針對這些情緒決定採取某些行為。如果一方老是對另一方不加收斂地傾吐情緒，這種關係鮮少行得通。

接近關係中的另一半時，若能出於你的理解力而行動，對於伴侶的不當行為，也能克制反應，並且設立強大的內在界線，顯示你已經化解了童年遭虐的遺毒。你內心已經不再儲滿或延續童年的情感現實，它們曾經洶湧沸騰，隨時準備爆發或干涉你的生活，尤其是羞愧感，讓你感到沒有價值，往往觸發怒火。

恰如我們所見，共同依賴者對當下事件常能體驗到強烈的情緒，但這些並不是成熟的成人情緒，而是來自其他源頭。舉例來說，共同依賴者常常會接收並且延續他人的情緒❶，他們也很容易積壓童年從父母身上接收到的情緒，並在成年後投射到他人身上。除此之外，若是當下事件觸發童年未經妥善處理的情感現實時，共同依賴者會迅速陷入兒童自我狀態（child ego-state），感覺自己渺小、脆弱、充滿戒心。

但是，就算在復元時，這些過往情緒仍會或多或少地浮上檯面。其中差別在於，當情緒出現，你可以向幫助者或成熟到足以聆聽你的朋友傾訴。如此，就能防止你利用這些童年的強烈情緒在你正復元的關係當中製造張力。

我曾聽過許多復元中的朋友描述，他們趕在伴侶之前先回到家，打電話給朋友，把對伴侶的怒氣發洩出來，藉此消弭他們的情緒張力。然後，等到伴侶回到家時，他們就能和善地開口說：「嗨，今天過得怎樣啊？」而這段關係也就能更為愉悅。

我建議復元中的人們向幫助者或朋友卸下殘餘的緊繃情緒，這樣他們才能畫好界線。當伴侶在場時，無論伴侶做了什麼，都能應對合宜。

有時候，就連相當機能健全的人們也會對彼此傾倒情緒。我談到這一點，只是要提醒你多加留意，並且告訴你，就算在復元中，也沒有所謂的完美。

重點是要變得越來越健康，越來越能掌控自我。無論伴侶是否具有責任感，你都能在關係中成為更負責的伴侶。

如果沒有重修舊好的機會

如果你是復元中的戀愛成癮者（或避愛者），或許你並沒有重修舊好的機會。你已經努力過，將童年經歷的遺棄、黏結、或兼而有之所產生的過往情緒，都一一化解，也已經從共同依賴復元，如今神智清醒、不沾任何癮頭。你準備好進入第四階段，也就是經營一段關係，但卻找不到一個適合的伴侶。假設你的依存關係是一段情侶關係，或許是因為你的前任伴侶已經展開了另一段關係，也或許是因為你瞭解到前任伴侶無法支持一段健康的關係，為何會無法重修舊好，背後可能有各種因素。

在這種情況下，你的下一步就是找個對象彼此來往，並且進一步和那個人培養友誼，如果對方先對你表露興趣，邀你進入一段友誼或關係中，通常會比較容易。如果這樣的人出現了，對於合理程度的親近，你可以微笑地說：「好」。但如果沒有，就找個適合邀約的對象，開始和對方建立友誼──也就是不牽涉性行為的社交經驗。

新朋友的條件

若要從這段歷程獲取最大幫助，這個新朋友不能與任何人有糾纏牽扯，並且要能與你建立一段不帶競爭的適當關係。如果從個人和性欲的角度上都能受到這個人吸引，也會頗有幫助。但假使短時間內找不到這樣的人，為了有助於你的復元，還是可以找個對象。積極尋找絕對是可以接受的，你可以參與社交活動，以求找到能相處的對象。

找到「完美對象」

我們的社會鼓勵大家找個在外貌上吸引我們的對象、展開性親密的關係、然後才在知性親密與情感親密的區塊努力化解衝突。

我認為，我們得要學習反其道而行：先把對方視為一個獨立個體而喜歡他，然後才轉而發展成性親密的關係。

然而，許多人都以為要找個在外貌上符合理想形象的對象，讓我們覺得具有性吸引力，才願意投入心力去建立關係。但情況往往是合乎標準的人不多，而合乎標準的少數人似乎又對我們沒興趣。如果我們自身的外表不甚出色，就更別提了。

假如我們所交往的朋友，個性討人喜歡或很好相處，只是外表不太討喜。儘管在一開始他外表上不甚完美的細節使我們卻步，但後來在性吸引力上面，卻變得不那麼討厭或不那麼重要了。健康的性吸引力，很多時候都是在友誼的其他區塊開始後，才得以發展。

所以，如果過了一段時間之後，你還找不到任何吸引你的對象，最好先檢視自己的思考程序，是否讓人高不可攀。有些人避開關係的方式，就是拿出顯微鏡，仔細審視每位潛在對象的一切枝微末節，弄得誰也達不到他的標準。如果你意識到自己就是這種情況，最好向幫助者或諮商師尋求協助，找到一個方式突破有障礙的思考程序。

避免肌膚之親

在你找到對象的時候——就算對方的外表吸引你，有機會發展成性關係——我建議，這段關係最好先暫時避免肌膚之親，頂多來個深情一吻。

我在演講中這樣說時，許多聽眾都笑了。但我相信，在這段歷程一開始就讓性驅力涉入其中，會是過於輕率的做法。你在接近這些關係的時候，是從陌生甚至困難的角度切入。雖然學習過哪些行為該加以避免，但這些行為正是你最為嫻熟的。至於如何以健康的方式經營關係，你還缺乏經驗，需要全身上下都保持警醒狀態，才能有助於你評估彼此之間的情況。

一旦發展成性關係，想要思考得清楚就會變得更加困難。親近對方的驅力，阻礙了相處中更微妙的部分。人往往就忽略了伴侶行為上的一些重要徵兆，要追蹤其他區塊的動向也就更為不易，好比知性、情感以及其他形式的肢體、行為等契合的程度。

當然，你們兩人之間通常會有某種程度的性能量。但是在你先探索其他方面的親密時，應該先加以抑制性能量。

探索其他形式的親密

你可以練習要求知性、情感和肢體上的親密與支持，並練習回應這個對象的要求，結果或許是彼此無法建立友誼。因為，你發現這個人不能或不願回應你的要求，或是你發現他的要求強人所難或不甚妥當。在這種情況下，你就放手，另尋發展。對於復元中的戀愛成癮者而言，下這種決定或許很困難，但卻是復元中的一大進步，也能帶給你自我價值感。

與機能健全的對象互相吸引

不管你是否相信，社會中其實存在許多機能健全的人。我們之所以看不見他們，是由於當我們埋首於自身的共同成癮關係時，這些人並不打算與我們來往；他們看到我們以及我們造成的一切混亂和張力，心裡只覺得難以相處。終於看清這一點，是復元中令人痛苦的一面。

我們沒留意到這些機能健全的人，或許還有另一個原因：當我們以戀愛成癮者或避愛者的特質來思考處事時，我們的眼裡只看得見相同類型的人。而機能健全的人，看起來就是枯燥乏味。

因此，復元的另一部分，就是要改變你對吸引力的標準。當共同依賴復元，成熟度日增的時候，你的許多標準也已經隨之改變。

並且，在你日益復元時，或許會覺察到從前的朋友其實內心已經生病了，但請切勿評斷他們。你要明白，不久之前，我們也就恰恰正是如此。

除此之外，他們生病這個事實，並不關我們的事。我們的工作在於明瞭與他們相處時，我們必須付出多少代價，又會如何影響我們的復元。如果他們會妨礙到我們復元，或許必須要盡量減少接觸。

在我們變得更為機能健全的時候，可能得要面臨某些損失。現在的我，發現與罹患這種疾病的對象相處時，若對方情況嚴重，我會很難與他們相處。

一段健康的關係

童年時期教導我們如何經營關係的行為典範，已經證實了不夠稱職。如今，我們從共同成癮關係的影響中逐漸復元，已經準備好展翅高飛，重新開始，找到一段健康的關係。

現在，我們知道許多不該做的事，相對地，卻不太知道能做些什麼。因此，在本書的第三部，將要探討健康的關係具有什麼樣的特質。

1．關於延續性情緒，詳見《走出病態互依的關係》。

第三部

健康的關係

12 健康關係的特質

與你依存的對象分開，並且努力使自己從共同依賴症復元後，你就獲得了某種程度的成熟，這是你過去不曾領略過的。

這嶄新的成熟度，讓你能過不一樣的生活，最重要的是，藉由自愛、自我保護、自我認同、自我照顧和自我抑制，你正在改善與自身的關係。

除此之外，你也能夠增進與他人的關係。健康的關係需要什麼條件？對於一個復元中的戀愛成癮者而言，這是一個亟需解答的重要問題；於是我向許多人求教，包括朋友、我的導師珍妮、以及培德·梅樂蒂，還有自我的反覆摸索、以及其他邁向復元的人們。

健康關係的特徵

我發現有九種非常重要的特質有助於促進健康的關係。不論是與配偶、父母、成年子女、朋友、或是你的良師益友，都十分適用，以下將一一詳細介紹。

①雙方都能務實看待彼此

雙方都不會貶低或否認伴侶的真實樣貌，也不想隱藏自我現實，正如珍妮．赫莉所說：**你們出現在彼此面前，留意對方，實話實說，提出自己的需求和欲求，然後放手不執著於結果。**

雙方都能夠承認，對方只是不完美的凡夫俗子，於是學會什麼才是合乎現實的期待；也都能明白，伴侶總有犯錯的時候。**假使伴侶有所冒犯，或是侵犯了你的界線，彼此都能去處理、面對，而不會感受到過度的壓力。**

我們都常有侵犯別人的時候，也許是在肢體或性行為上侵犯他人的外在界線，也許是在知性、情感和靈性上侵犯他人的內在界線。

內在界線系統或許就是最常被逾越的。舉例來說，一個人要求另一個人十全十美，或是對伴侶尖叫怒喊、語帶諷刺譏嘲、辱罵對方或者控制過度，就是在侵犯他人的內在界線。

就拿要求女兒完美無缺為例吧！這是在告訴女兒她不配，觸發她內心羞愧和無能的感受。但天底下沒有人是完美的。所以，要求完美是既不合理，也是種虐待。

在健康的關係中，兩人都能設法忍受偶一為之的界線侵犯，而不至於因此拋棄伴侶，或在某方面看輕自我。但雙方並不會把這視為常態。對於維持自我和自尊，兩人都知道自己的底線在哪裡，也會去擁護這條底線（所謂的底線，意指你無法忍受的某件事或某種行為。如果這件事或這種行為發生了，你寧可結束這段關係，也不願意容許它發生）。

②對於個人成長，雙方都要負起責任

彼此都要持續成長，努力不懈邁向復元。尤其，要從共同依賴的五項核心症狀復元。無論是哪一方，都要為自己做到下述的事情：

- 雙方都能自重，特別是在爭吵時。彼此都不會要求伴侶要無時無刻以自己為主。
- 自我界線或自我保護是雙方各自的責任，特別是在爭吵的時候。
- 雙方都能當個好聽眾，因為你們保有界線，能藉此過濾接連不斷的訊息，讓你們能夠聆聽，並且注意到對方真正表達的意思。

- 雙方都有責任去確認和適當分享自己在肢體、知性、情感和靈性上的現實，彼此都不會要求對方去猜測自己的真實，或容許對方去決定自己的真實。
- 雙方都有責任去確認自身的需求和欲求，以及知道在何時、以何種方式、與何種對象分享，才叫作適當。雖然兩人相互依賴，但都另有外援（好比幫助者、朋友、來自戒癮十二步驟療程和其他支持團體的人）。當你尋求支持，而伴侶的回答必須是「不要」時，你就可以轉而向這些人求助。
- 雙方都有責任，要學習適度地體驗和表達自身的真實。彼此都不會期待對方去容忍極端的表達方式。

③雙方都有責任，維持自身的成人自我狀態

對於當下發生的事情，健康的人會有成熟的成人情感，並且承認他們的想法會產生相應情緒。然而，就如第十一章中所述，復元中的共同依賴患者偶爾會多多少少，體驗到過往的兒童情緒現實，因而陷入兒童自我狀態。

在健康的關係中，雙方都會負起責任，避免出於兒童自我狀態而做出不當行為，並且

妥善溝通發生的事件。雙方在這段過程中不虐待任何人，也能找到方法回歸成人自我狀態。

復元中的人會發展出一種能力——能說服自己回到成人自我狀態。譬如，與自己內心的那個孩子進行私密對話。如果這種方式對你效果不佳，你也可以尋求他人協助，像是幫助者、成熟的朋友、或是諮商師。

如果你的伴侶夠成熟，或許可以找伴侶幫忙，但在這麼做的時候，你必須小心幾個容易影響關係的陷阱。

就算觸發你陷入兒童自我狀態的事件，是在與伴侶互動時發生的，但原始的童年創傷並非由伴侶造成，而是你對創傷的記憶誘發你陷入這個狀態。至於你的伴侶，他（她）並不需要對童年受虐和它的後續效應負責。

在一開始時，你就要向伴侶坦白你正處於兒童自我狀態。或許你能這樣說：「現在的我覺得自己好弱小。我正處在兒童自我狀態，需要別人來幫助我。」但你要盡量避免利用這種脆弱來虐待伴侶，例如耍弄技倆，期待伴侶拯救，或是控訴伴侶為何一開始要害你陷入這種兒童自我狀態等等。

④雙方都把重心擺在解決問題上

每個人都有些需要解決的老毛病，不管我們喜歡與否，這些問題總是在我們的人生旅途上反覆重演。

在健康的關係裡，雙方處理問題時，著重在「如何才能最有效率地解決問題」。接著，對於彼此同意的解決方式，各自負起責任去執行。這其中沒有誰對誰錯的問題。一旦關係中的雙方開始想為自我辯白，或證明自己是「對的」，邏輯和復元就整個被拋諸腦後了。

我曾經歷一個尷尬的處境，把家裡卡車的擋泥板給撞凹了。到家時，先生走向卡車，問我：「發生什麼事了？」

我說：「我忘了打進P檔，車子就撞到樹了。」

培德說：「噢！那，我想我們還是別修了，不太划算。」

這件事情就到此為止。我們同意的解決方式，就是讓擋泥板維持原狀，他一次都沒問我說：「你幹嘛撞凹它？」或是罵我愚蠢、粗心大意、無能。

我們達到一次機能非常健全的交流，讓我明瞭我們跟從前相比，已有相當大的進步。從前的我們會把隱忍數週的怨氣，統統發洩在那撞凹的卡車上。

⑤雙方都能撥出合理的時間，對伴侶提供親密與支持

其中一方表達需求和欲求時，另一方可以在盡其所能地支持之餘，卻毋須犧牲自己的自我照顧，也不必替對方做他的工作。

在機能健全的關係中，任何事情都不會只有單方面。或許某一天，你是那個有需求和欲求的人，但隔日就角色對調，變成你的伴侶需要幫助。

⑥雙方都能發展出「富足」的人生

在我看來，價值、權力和富足都是彼此相關的，價值和權力相輔相成，同時增減，只要我們更重視自我價值，就能賦權於自我。換句話說，我們對於照顧自我的勝任感也就能提升了。

當我們賦權於自我時，增進了自我的價值感。同樣地，若我們缺乏自我照顧，因而減損了自我的權力感，我們的價值感也會降低；反之亦然。

以下有兩種方式可以產生自尊或自愛，進而讓自己感覺有價值：(1)做出有利於自己的選擇，以及(2)主動照顧自我，而非因為他人不照料你、不尊重你或是傷害了你，於是被動

地懲罰他人。

我發現，被動還擊或是懲罰他人，往往得不到任何好處。**只要你不再拚命放大被拒於門外的感受，或許就能明白，別人那些讓你看不順眼的行為，往往只是為了要照顧自己，根本不是為了要傷害你。**

在力行自我照顧，並能將自身的價值感和權力感維持在不錯的程度後，我們似乎就能吸引各類型的富足：友誼、金錢、和平、活力。而這種富足狀態，又進一步增強了我們的價值感與權力感。

我有位六十幾歲的朋友，他去參加治療，努力從共同依賴症復元。他開始肯定自我，五年過後，他開創了一項健身計畫，並且持續參加戒癮十二步驟療程的討論會，或是和諮商師面談，每週固定進行好幾次。

他的人生開始綻放，而他那份幾乎全與人際接觸相關的工作也十分成功。他還嘗試了一些極富創意的活動，效果也都不錯。

他說，這份富足就來自於重視自我、賦權於自我，以及抱持開放態度，讓至高無上的力量賦權和賦予我們價值。

⑦雙方都能協商並接受妥協

在你體驗到越來越多的自我重視、自我賦權以及富足時，你就能放棄總是想為所欲為的念頭。你擁有足夠的活力、和平與安靜，所以不見得每件事情都必須百分百合乎你心意。

珍妮．赫莉下了個結論，她指出，你的所思所為不再出於匱乏，而是出於富足。所以妥協的時候，不再像硬生生被奪走了什麼。雖然自己的需求和欲求只能滿足一部分，但兩人都能承受得起那份焦慮，而且都能接受讓伴侶依據自身的價值體系來行事。只要不會對點頭同意的伴侶造成「虐待」就好。

舉個例子，我喜歡把東西擺得整整齊齊，最好都收進櫃子裡，甚至可能到了有點過火的地步。對我來說，先把東西收好，要找的時候才更容易。

我的先生說過，雖然他喜歡東西都物歸原位，但他發現，如果東西收拾得乾乾淨淨，要用的時候，他會找不到它們。他一直在學習，當東西被收起來的時候，要去哪裡才能找到。但與此同時，他仍然把許多個人物品擺在檯面上，好讓自己找到，所以東西就變成一堆一堆的。在家中，他的桌面上、廚房的流理台上、他的五斗櫃上，還有浴室的洗手台上。

我現在能笑笑地說起這件事，不過多年以來，我可不覺得舒服或有趣。事實上，我把自己弄得愁雲慘霧。每次走進房子，我一看見東一堆、西一堆，就咬牙切齒地喃喃自語起來：「我受不了了，一定要把那些收起來。我受不了了，一定要把那些收起來。」這樣的思考過程讓我感到沮喪又混亂。

其實，讓我不開心的不是那一堆一堆的物品。而是當我盯著那些東西時，腦海裡產生的想法。

有一天，我對他說：「這樣不行，我受不了東西堆成這樣。我要把東西收起來，這樣我才找得到。」

他回答我：「可是你收起來的時候，我會找不到。如果看不見東西放在哪裡，我就不曉得要上哪找。」

於是我想了想，然後說：「我們得想個辦法才行。如果我願意不要收得那麼徹底，你可以減少你堆放物品的數量嗎？」

培德仔細想了想，同意試試看。因此，現在那些堆放的物品少了些，而收起來的東西多了些。

至於還堆在那裡的，我更努力去忍受；而對於收起來看不見的，他也更努力學習怎麼樣才能找到。當雙方各退一步，情況也好轉了。

有件事對我內心的安寧很重要，我終於能夠擺脫令我感到混亂沮喪的念頭，心念一轉變成：「噢，這不是挺有意思的嗎？那些東西在這週也沒增加多少啊。」這樣的思路所衍生的感受，就沒有那麼令我不開心。

在我們開始共同設法妥協時，我不再想控制那些東西有多大一堆，或是他要不要把鞋子給收起來，但培德開始收納好更多物品；我們還決定在房子後頭加蓋六百平方呎的空間，純粹是為了堆放他的物品。我也答應了他，不會進去那間房間收拾，他則同意我可以決定客廳的模樣，而且不會讓狗爬到家具上面。這些顯然微不足道的妥協，乍看之下似乎沒什麼關連，但你想都想不到，這對我們的關係產生了多大的改善。

⑧儘管存在差異，多半時候仍然能欣賞對方

在雙方有意識的努力下，常常能合理地聚焦在對方身上你喜歡的那些優點上。就算遇上不太討喜的地方也無妨，誰也不必去操縱、控制，不需強迫伴侶硬要成為某種樣子，好讓操縱的一方心情愉悅。

你維持的舒適程度恰恰好，是因為你能照顧自己，包括改變自己的思考重心，重新看待過往令你氣餒的議題。我發現，**我能欣賞伴侶殊異於我的程度，正與我照料自己的程度成正比。把自己打理得越好，你就越能寬心自在，放手讓伴侶做自己。**

⑨ 雙方都能直接了當地溝通

需要親密和支持時，雙方都有責任清楚直接地陳述表達，這點在第十一章已經敘述過，雙方也都有責任，讓溝通保持得言簡意賅。達到簡潔的工具之一，就是第十一章中所述的四句原則。

不切實際的期待，只會帶來重重困難

我們內心常有所期待健康的關係該是何種形貌，在試圖建立新關係，或是在更健康的基礎上修復舊關係時，往往就使我們衍生困擾。

機能失調的共同依賴者有一個思考特質，就是想法格外激烈，或是以走極端的方式來解決問題。舉個例子，如果有人的電話帳單連續飆高好幾個月，那個人可能會決定全家人一通長途電話都不准打，好讓話費降下來，甚至還可能把電話線拔掉。

同樣地，有些人或許意識到拋棄、黏結或利用工作、宗教、以及其他活動來避免親密，就是彼此關係如此不睦的原因。假使他們解決問題的方式，依然是走向另一個極端，這種非黑即白的想法，就會引導他們產生某些期待——例如伴侶再也不許單獨出門、應該要把工作辭掉、或是從此不上教堂——這些都相當不切實際，在這情況下還要修復彼此關係，自然會有困難。

如果你先做了功課，從自己的癮頭和共同依賴復元，再準備展開新關係或修復舊關係，你對關係所懷有的任何偏差、不切實際的期待、假設，就能更容易找出來。證明你心存這些不切實際期待的最主要跡象，就在於你經歷過的這些困難，或許正是因為它們才引發的。當難題出現，你就看看是否你的某項期待落空了，然後檢視這項期待是否不切實際。

對於人們在進行復元且開始建立新關係的時候，會發展出何種不切實際的期待，我的先生，培德．梅樂蒂，有些極具價值的洞見。聽過他演說的聽眾們，似乎也因而得以釐清

13 不切實際的期待

培德·梅樂蒂／作

「好，我準備好要展開一段關係了。」說這句話的是詹姆士，我已經幫助他約長達九年了。

我既開心也有些好奇，所以就問他：「那麼，這位幸運女士是怎麼樣的人呢？」他列出一長串無所不包的特質，包括「從不妄加批判、永遠在身邊支持我、能夠給我無條件的愛」，再聽了一會兒，他的清單開始聽起來有點像是童子軍的誓詞：信賴、忠誠、友善……諸如此類的。

在我看來，詹姆士描述的特質比較適用於拉布拉多犬，這樣的單一而忠實在人類身上恐怕找不到。

有時候，旁人批評我對關係的看法太過憤世嫉俗。或許和大多數人比起來，我對關係是抱持比較懷疑的態度，但在內心深處，我認為人與人之間的關係是一件相當美好的事。

旁人眼中的憤世嫉俗，或許只是我的一個信念，相信許多復元中的人渴望或期待在他人身上找到的，並不符合現實。

我注意到，人們在聆聽講者描述關係中可能發生的情況時，傾向假設這些可能性就是或許即將發生的，甚至有些人過度引申成：「如果我的關係無法時時刻刻都包含以上全數特質，它就是不健康，所以我或許應該放手，建立一段新的關係。」

我越是深思那些不切實際的期待，好比詹姆士所列舉的那些，我就越想找出良好關係中該有什麼樣合乎現實的期待。有些反覆出現的特質和期望，在人們勇敢邁向更健康的關係時，似乎就注定了要讓人們失望和洩氣。就好比，不見得非把演講中或書本上提到的每項可能的正面特質都包含進去，才能算得上是一段良好的關係。

冒險的成分：美女與老虎

經營一段關係，讓我想到一個古老的故事，故事是關於美女與老虎：在一個遙遠的國度裡，法律禁止公主結交平民。然而，國王卻逮到公主與國內一位平凡子民戀愛私通。兩人遭到逮捕的時候，情感濃烈、難捨難分，但也剛好吵得厲害。

男子被連拖帶拉關入高塔，連向公主道別都來不及。任何平民若與公主戀愛，將被判處死刑。但公主深愛著這名男子，便向她的父親也就是國王求情。於是，國王同意讓男子接受一項測試。

男子會被送到一座有兩扇門的競技場，其中一扇門後是一隻老虎，如果門打開了，老虎就會跳出來咬死他；另一扇門後則是公主，如果他開了這扇門，他就能與公主結婚。公主費盡心思才找出哪扇門是正確的，然後送了這則訊息給他：「打開左邊的門。」但男子心裡想的是，她告訴我的究竟是哪扇門？她是希望我死呢？還是想嫁給我？

我想，所有的關係都包含了類似的冒險或出其不意的成分。雖然不見得如此致命，但如此才能讓關係保持新鮮感。

維繫關係需要信任，但是我們若誤以為信任是種選擇，卻沒認清它是某些行為的後果，問題就來了。

人之所以信任，是因為你一次次地冒險，卻沒有受傷。對於某些第一次踏進治療中心的人而言，諮商師說的話就好像外星語，要求他做些很奇怪的事情，然後說：「你要相信這個療程。」

我比較喜歡換個說法：「在這個療程中，你就放膽去冒險，如果沒有因此受傷，或許你就會開始信任。」但如果抱持不切實際的期待，也沒有提出來討論，就會在冒險的時候導致痛苦。而這份痛苦，會摧毀你未來信任的意願。

不切實際的期待

下述幾項不切實際的期待，涵蓋了健康關係裡的不同層面，我想先提出討論，再建議比較合乎現實的作法。

① 只要復元夠了，我就會找到完美伴侶

大多數人真的很容易去期待自己完美、伴侶完美或是關係完美。有些時候，我們以為只要復元得夠久，最終就一定能臻於完美，擁有辨識和吸引完美伴侶的能力。在帶領後續

輔導時，我常常告訴成員，**一段關係不會因為結婚而有任何改善，婚姻只是對關係許下承諾**。但要改善關係品質，必須透過書中討論到的某些復元歷程。

尤其難上加難的，就在於很多人都沒有為復元訂下特定目標，他們只會說：「我想復元」或「我正在復元」。然而，明確定義怎樣才叫復元，卻是連想都沒想過的。結果呢，要不是對完美伴侶有個清晰概念，好像詹姆士那樣，就是對於復元後自己會變成怎樣，關係又會變成怎樣，只有個模糊不清的想法。我們就這樣，漫無目的一路摸索，但是在漫無目的的表面下，卻一心相信總有一天，我們會徹底復元，享有完美關係。

每次遊走晃蕩，趨近了我們對復元的模糊概念時，就會重新調整那個概念，把它移得更遙遠——就像海市蜃樓，永遠游移在前方的沙漠裡。無論在任何時刻，我們總能把置身之處與理想之處拿來比較，卻永遠少了那麼一截。我能看到自己的人生、關係或工作是多麼失敗，只因為「我還沒到達該到的地方」。

合乎現實的期待

不管在關係之中，還是在剩餘的人生裡頭，我們都該看看何謂「符合事實的期待」。

我們得要瞭解，外頭並沒有一大群十全十美的人在等著我們。無論步入哪一段關係，總是有好有壞。倘若不能明白這點，就會注定讓我們和未來伴侶面臨某些痛苦和失望。

為了避免不切實際地期待完美復元或是完美關係，我們必須後退一步，看看去年、上個月、或甚至上個星期的自己。

復元是一種進步，不是一種完美。

我的一大進步，就在於明瞭在復元過程中，旅程其實就是目標。這段旅程包括每一日的心情都頗能自在愉快，完成今日能做到的復元工作、誠實面對，並且盡可能地公平對待他人。依著這條路前進，就能通往進步與成長。嶄新重大的成就或許會出現，也或許不會。然而，除非我們學著以一次一天的心態，清明穩健地度過生活，否則有重大突破或經營關係的機會出現時，我們很可能會搞砸。

「一次一天」這個節目口號，是應用在這種觀念上。有時候，人們會以這個口號作為藉口來逃避責任。舉例來說，有人可能會想：「既然今天不用付房租，我也就不用錙銖必較。」但到了月底，沒錢付房租了，房東的看法可能就與你不同。

對我而言，「一次一天」是一種責任，要把今天能做的事做好，以確保我的復元、我的未來，並且照顧好我的家人。但凡事都有一體兩面，這也表示如果今天我做不完所有的事，也不需過度自責。不要斤斤計較於今天我是否「到達我該到的地方」。就好像我們這些復元中的患者，對於別人該有的模樣常有浮誇的想像。而對於自己在一天內能達到多少事情，也常有過度膨脹、不切實際的想法。我們必須學習如何改正這些期待，要不然我們不僅會盡數傾倒在伴侶身上，也會把自己弄得悲慘抑鬱，膠著於失敗的沼澤裡。但其實這失敗的感覺，根本不必要也不實際。

派雅已經指出，復元主要是倚賴心智，而非任由情緒牽著鼻子走。我十分同意。雖然感受自我情緒很重要，但我們必須認清，人在理智下才能做出健康的決定。在輸入情緒和其他資訊後，我們還需要理解力，這才是下決定的關鍵。人在決定生活大小事時，如果主要或全盤依照自己喜歡怎麼做，通常只會和復元漸行漸遠。

② 只要關係告終，就是失敗

有個復元中的朋友剛結束一段戀愛關係。某天，他告訴我：「你知道嗎？比起分手，再度失敗才更令人受傷。」

我問：「你為什麼說這段關係失敗？」

他說：「嗯，因為我們沒有在一起了啊！」

當我仔細想了想這種傾向——把結束的關係貼上失敗的標籤——我意會到，相信關係結束就等同失敗，使得約會這種事自動提高了不必要的風險。

然後，我就想起了自己以前的幾段關係。現在，我之所以能認為那算是成功，是因為我已經不再置身其中。

這麼說吧，當兩個人展開一段關係，開始一起為生活折衷協調，但在漸漸瞭解彼此後，其中一方或雙方都認為，對這段關係許下終身承諾並非明智之舉。於是他們分手，沒有步入婚姻。

我認為，他們共同度過的經歷相當成功；他們進入這段過程，試驗是否行得通，他們學習到彼此如何經營關係，以及願意忍耐多少。最後，發現持續追求這段關係，對雙方而言並非好事，於是他們放手。

合乎現實的期待

看待破滅的關係，比較實際的角度或許是把這段關係視為學習實驗室，看看這段關係最終會結束，還是會變成終身承諾。如此一來，相信關係結束等同失敗所帶來的痛楚，就能夠大幅減輕。

③在健康的關係中，人們能透過理性又適度地討論來解決問題

人們似乎常有種錯誤認知，以為只要經過足夠時間，兩個人就能深入瞭解彼此，再也無須爭吵。但是，我認為天底下的任何關係，不可能沒有意見相左、衝突、爭吵的時候，每一個人都還是會持續不時誤解對方言語或行為。

在我看來，爭吵往往大致依循以下的模式發生：一位伴侶說出了侵犯另一位伴侶的話，兩人草草討論幾句後，接著引發爭吵的那件議題就被遺忘了。現在雙方都陷入不理性的狀態，轉而想在情感上傷害對方、壓制對方以「贏」得這場爭吵，或是證明自己是「對」的。最後，其中一人針對這件議題理性客觀地說了句公道話，而非責備，不理性的力量才開始消散。接著，雙方或許會再度回到這個議題，進行有意義的討論。

合乎現實的期待

偶然的爭吵、意見相左、甚至非肢體的衝突，這些方式都能讓我們練習如何劃設界線和協調差異。能夠去容許不理性、情緒性的部分，才是合乎現實的想法。人們必須認清，爭吵和意見相左時所出現的非理性情緒因素，往往來自個人帶進關係中的各種怪癖。

舉個例子，我發現在爭吵中，我之所以生氣和不理性，是因為我覺得自己「沒有被聽見」。當我覺得有人曲解了我說的話，我便開始認為這個人是故意這樣做的。而且我想要那個人改變，變成和我有一樣的想法。我對原本爭吵話題的不悅，就轉向到對這件事情而感到憤怒。

我相信，這可以追溯到童年時期的困擾。因為我的情緒張力，遠遠超越了那個話題應有的程度。這對我的人際相處能力來說，是個痛苦的障礙。經過多年的復元後，儘管我更能覺察，也好轉許多。但看來這個強迫性的思考方式卻很難有所改善，至少無法達到我希望的程度。我認清自己在爭吵之中，害怕被誤解、被懷疑的情況很可能會再度上演。但現在，如果真的發生了，我有時能夠這麼說：「我又來了！」然後，加以修正，回歸正軌。所以，懷抱著這份合乎現實的覺察和態度，我也就不會由於這個障礙而結束掉許多關係。

與其為了發生爭吵而失望，或是為了爭吵當中雙方短暫變得不理性而沮喪，不如實際一點，專心地走完整個過程，直到事情解決。

爭吵是免不了的，只要傷害期不要超越個人能夠容忍的程度，好比肢體衝突或嚴重的情緒虐待，否則在爭吵進入不理性而痛苦的部分時離開現場，只是冒險讓自己無限期處於懸而未決的狀態。但這樣的舉動其實有種危險性——出走的伴侶可能壓抑下這個問題，然後以消極／挑釁的態度「回頭算帳」，可算的帳卻常常是其他問題，和原本被壓抑下的爭吵無明顯關連。

④在維持雙方都有共識的行為規範以及關係特質上，絕不會意見分歧

對於在一段關係中想要何種行為規範和特質，兩人之間或許會有相近的想法。但是，如果以為雙方對於這些行為規範和特質的認知相同，就太不切實際了。

大多數人對於不同特質都有不同解讀，而且個人自己的解讀還會時時改變，我定義這些經營關係的詞彙時，是從我的價值體系出發；而你定義這些詞彙時，則是從你的價值體系去思考。

我們就來看看，對於一些受到高度重視的特質，伴侶之間有何不同看法：可靠度、樂趣、無條件的愛以及性的忠誠度。

請先想想「可靠」是什麼意思？對你來說，「可靠」可能表示只要你需要另一方，他就永遠都會為你挪出時間。但從根本上來看，這心態是期盼對方就是優先處理你的需求。

舉例來說，在某些日子裡，我希望派雅身上裝了個開關，我可以把她擺在前門衣櫃裡，然後我就能把她推出衣櫃，把開關打開，說「夫妻模式」。等我準備要去做別的事情時，我就把開關關掉，把她擺回櫃子裡。只要用這種方式，在我需要她時，她就永遠隨侍在側，我也不需要去考量她的任何需求、要求、或是優先順序。

可是，我們能期待別人有這種讀心術嗎？有些時候，我知道對那個人而言，哪些需求必須優先處理。但有些時候，我並不清楚。而我們自己的需求，同樣也經常在變動。

「樂趣」也是個例子，證明了人們對詞彙的定義鮮少相同。如果我認為有趣的事物，剛好貼近派雅認為有趣的事物，我們就能彼此分享。不過多數時候，事情並非如此。

舉例而言，派雅覺得購物充滿樂趣，我則是寧願看牙醫也不想去購物——除非去的是五金行，這才是我覺得充滿樂趣的地方。天底下有許多活動是我們無法一致喜愛的，所以有些時候，我們會留給對方一些空間，去享受那些自己喜歡但對方不愛的活動。至於我們喜歡一起從事的活動則包含飛行、園藝、研擬新的課程和治療觀念。

另一個難以定義的特質就是「無條件的愛」。大部分的人都認為自己付出了無條件的愛，但對方卻沒有回饋。而且，只要感覺到他人對我們的關懷不是無條件的——我們定義中的無條件——我們便會下結論：「對方不愛我們」。

我常常聽到一種定義說，無條件的愛指的是，一個人愛著另一個人是由於不管如何他就是他。另一個定義可能是一個人對另一個人所做的每件事情都喜歡，而且從不對他發脾氣。同樣的問題又來了，對於無條件的愛，兩人之間的定義可能並不相同。

很多時候，我們所謂的愛，其實只是性欲、性吸引力或者激情。我們常常稱上床為「做愛」，但上床就只是上床。

性可以發生在相愛的兩個人之間，也可以不是；性能夠滋潤我們，只要它是愛情關係裡的一部分；性有時很美妙，有時卻只是種有氧運動，可能和愛情一點關係也沒有。

然而，接下來要討論的特質——性的忠誠度——就是另一回事了。這個詞彙有多重意思，可能以種種不同方式定義。在某個層面來說，忠誠或許被定義成克制自我，不與主要伴侶以外的人性交。但在另外一個層面，忠誠不只是不和其他人性交，也不能投注情感在與其他人的關係裡頭。

讓我們這樣假定吧！在情侶關係中的兩人都同意，忠誠僅指涉性親密的層面，但是換到下一個層次，問題就在於，每個人到底如何明確定義性的忠誠度？或許，可以定義成，不在這段關係之外進行無法接受的性行為。但具體來講，這到底是什麼意思呢？

我相信，我們每個人在內心潛意識的某處都有個影像能引發性衝動。如果有個符合這幅影像的人從身邊走過，我們便會有性反應。

假如我出門在外，有個女人走過，符合我對充滿性吸引力的定義，從那一刻起，什麼樣的行為叫作不可接受？所謂不可接受的性行為指的是性交，還是渴望對方，還是挑逗調情，還是其他的呢？

在我的定義裡，不可接受的性活動就是行事沒有遵循個人價值體系。而在我的價值體系裡，肢體上的性忠誠度是基本，這包括不可性交，或是能挑起個人性交念頭的肢體活動。但是這種定義，可能符合也可能沒有符合其他人的看法。

在理想世界裡，不忠的意思是在兩人協議出何謂忠誠的範圍後，卻做出超出這範圍的事情。但是有多少人會先和伴侶討論這個重要定義，直到他們協調出一個彼此都能接受的意義？

大多數的婚姻誓約都包含一個宣言，承諾雙方要彼此忠誠，但對於什麼是「忠誠」，卻沒有一個定義。絕大部分的夫妻從來不曾有意識地同意什麼行為算是「忠誠」，什麼行為又不算是。由於丈夫對於忠誠的價值體系可能與妻子不同，對於這個議題就可能產生許多衝突。

合乎現實的期待

我深信，關係中的雙方需要詳談，討論在這段關係中，他們是如何理解雙方想共同遵守的行為規範與特質。在我看來，討論彼此對這些詞彙的認知，對於決定是否踏入一段關係至關重要，期待伴侶在所有行為規範和特質的理解上剛剛好都與我們相同，幾乎可說是不切實際的想法。

我猜，計畫步入婚姻的伴侶中，只有極少數曾經一起坐下，在清單上詳盡徹底地列出各自對於對方和對於這段關係，期許何種行為規範以及特質，並且還一一加以協調。人們通常都是先結婚了，然後再折衷、協調，無論是明顯的妥協，還是默默地退讓。

誤解，尤其是對性忠誠度意義的誤解，在我聽聞過的許多關係中衍生了許多困擾，因此我相信，每對夫妻都應該探討這個特定議題，特別是作為步入婚姻的準備。事實上，我相信對性忠誠度的意義先取得共識，是不可或缺的。如此，才能對於是否踏入關係，做出健康的決定。

⑤親密關係自然而然，隨手可得

清單上的下一項特質，受到極度重視卻是種不切實際的期待，就是以為親密關係自然而然且能輕易到手。親密關係的定義之一，就是在當下能與人分享真實自我的舉動；另外一個定義，是麥斯特與瓊森❶（Masters and Johnson）在電視演說中提出的，認為親密關係是指分享彼此的脆弱。就如我們所見，親密關係有好幾種層次，包括肢體、性、知性、情感和靈性。

派雅已經清楚說明，要與親近的人達到親密，需要有健康的界線、發自內在的自尊、真正能感受自我，並且知道何時適合向他人表露自我，何時則不適當。至於分享的對象，也必須是個值得信賴的人。

合乎現實的期待

與親近的人達到健康的親密關係並不容易，它需要努力經營、付出承諾、具有耐力、還要願意冒險。無論與對方多麼親近，它都不見得能自動成為一件容易的事。好比說，當我們童年的恐懼再度襲上心頭，親密關係可能瞬間就變得遙不可及。

並且，有時對我來說，要在親近的人面前暴露脆弱，比在陌生人面前表現脆弱更加困難。因為陌生人對我的人生並沒有太大影響力，所以有時我可能搭飛機坐在一位素未謀面的男士旁邊，卻和他討論起人生中的許多私人細節，甚至可能談到我的一些恐懼。

可是，如果切換到一段親近的關係中，我就得冒風險：如果我暴露出這些脆弱點，下次吵架時，我的伴侶可能會利用這些私人資訊，作為引發痛苦的武器來傷害我。而且我知道，我也會對伴侶做出同樣的事。

害怕別人利用私人資訊來攻擊我們、使我們受傷，這是一份實實在在的恐懼。這是事實，因為我們之中有許多人都曾在與另一方的關係中受傷過。那個對方，並不是個分享資訊的安全對象。至於我們自己，也曾當過那不安全的人。

只有在復元許多後，我們才開始學習在爭吵時仍然公平以對，成為一個值得對方託付脆弱資訊者。所以，覺得有足夠的安全而擁有深入的親密關係固然很好，但往往卻也是個風險。

即便如此，隨著我持續復元、改善界線、找出復元中的人哪些是安全可以分享的，我很願意更常去冒這個風險。我非常高興地發現，自己確實越來越常感受到這樣的親密關係，因此也漸漸培養出信任感。

對我很重要的一件事就在於，意識到我的信任不見得只限於分享的對象。如今的我，有時也能信任自己的界線、自己的自尊、這個復元歷程，以及對我而言那至高無上的力量。

⑥任何時候，個人需求總能獲得滿足

對於關係中合乎現實的期待，我探究的範圍還包括衡量在各種需求和欲求中，那些是可能在關係中獲得滿足的，這些可能性列舉起來，可說是永無止盡。舉例來說，當我問：「在一段良好關係中，那些是比較令人嚮往的特質？」人們通常會給我以下的回答——

妥協的能力
調適
肯定
可靠
共同興趣
溝通
陪伴
面對面
忠誠
樂趣
善於烹飪
誠實

親密
忠心
愛情、激情
協商
坦誠
伴侶
可信度
尊重界線
性
信任
意願

合乎現實的期待

我認為，在舒適愉快的關係中（而這需要努力復元才能達到），最重要的成分就是「接受」。

在我所接受的事實中，就包括我的伴侶、這段關係，或我自己身上並不擁有上述所有的特質。有些特質我多數時候有，有些特質我一點都沒有。至於我確實擁有的那些特質也是來來去去，依據我的復元程度、敏感程度，以及每天對自我現實的覺察而定。

依照我的意見，復元直接涉及尋找一個成熟的方式，讓自己每一天都能誠實以對，並且感覺舒適。

身為共同依賴者，我們通常連復元都抱著很極端的想法。如果曾經歷許多痛苦、嚴肅和衝突，我們就會想讓復元時時刻刻充滿喜悅、歡樂以及和諧。但是，真實人生涵蓋了極端的痛楚到全然的喜悅。多半的時候，人生就徘徊在兩個極端的中間，在這光譜兩端之間的某處，畫著一條分界線，一邊是舒適到喜悅，另一邊是不舒適到痛苦。而我們在良好關係中的經歷就沿著這光譜起起伏伏，只要我們所經歷到的

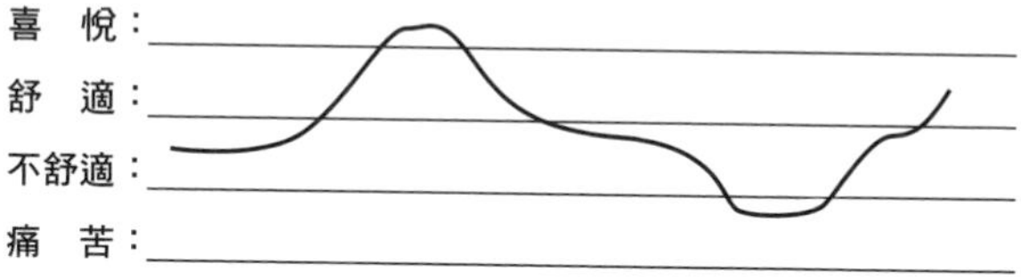

關係，多數時候都能落在舒適的那一側，我認為這就叫做得很棒！

我們還必須接受另一個事實，有時我們會落在舒適線的下方，不是因為我們是正在復元的患者，而是因為每個人的人生都是如此。

現在的我，每一天都能感到相當舒適愉快，比起從前不知好上多少倍。從前的我，感覺從不舒適一直延伸到非常痛苦、想要自殺；曾有一度，我以為喜悅就是沒有痛苦，但一直到了近年，我才明白，**喜悅和痛苦可以並存在一個健康的人身上**。我開始覺察，在我關係中完整的經驗光譜，並且滿足於目前的一切仍然順利。

⑦關係有問題，就表示應該結束了

人在步入新關係後若遭遇問題，多半會認為，結束關係是最好或唯一的解決方式。如果問題很大或棘手到某種程度，有時確實是一種暗示，告訴我們應該結束關係了。

不過，我覺得我們不應該貿然下這種結論，卻沒有去考慮一些事情——好比說，這段關係有多少方面令你滿意，還有這些問題是否能夠協商解決。

合乎現實的期待

身處一段關係卻遇到多少免不了的負面情況時，許多人都會自問，這段關係真的是他們想要的嗎？

但是，就算考慮離開這段關係，我認為，我們也必須看看哪些需求有獲得滿足，而哪些需求沒有？這段關係中有多少成分難以忍受，又有多少可以忍受？有多少是正面的，又有多少是負面的？

需求一旦獲得滿足，和問題相較起來就顯得微不足道。心理學家亞伯拉罕．馬斯洛（Abraham Maslow）提出需求層次理論，從最基本的需求一直到更高層級的人類經驗，他指出，我們如果一次面臨好幾項需求，最基本的需求就顯得最為迫切，直到該項需求滿足為止，然後輪到下一個需求變得迫切。他也說：「需求一旦滿足，就無法成為激勵因子（motivator）。」

換句話說，一項需求若獲得滿足，就再也無法激勵我們做任何事。事實上，**我們人類只要需求一被滿足，就不太會再感覺到那份需求**。我們常常說不需要某樣東西，真要老實說起來，我們還是有需求，只是那個需求此時此刻被滿足了。

舉個例子吧！假設有個士兵跳傘降落到錯誤地點，迷失在沙漠裡，他四處遊蕩沒有任何糧食，就這樣過了一天左右，然後獲救了。他即刻需要的第一樣東西就是——水。水常常被認為是最基本的生理需求。需要水的時候我們會注意到，然後說：「哇，渴死我了！」然後喝點水。但是就我印象所及，從沒聽過任何人說：「你知道的，我現在不渴，我已經一天都沒口渴了。以前年輕時，我老是口渴，可是現在啊！我再也不像以前那樣口渴了。」

喝完水之後，我們這位士兵下一個注意到的需求就是食物，然後是休息，他並沒有把接下來的一整天用來思考他怎麼不再口渴了，而是開始思考他有多餓，然後就是他有多累。他不再有意識地辨識已經獲得滿足的需求。

這個觀念，對於經營關係至關重要。當我們感覺到尚未滿足的需求益發惡化時，通常不會去清點那些已經獲得滿足的需求。

再來看看這會如何影響我們的關係，就瞧瞧這位男士的人生吧！姑且稱他為山姆。

山姆是間大型商店的經理，多年前，他與第一任妻子締結連理，他們育有兩名子女，住在一棟擁有三房的屋子裡。在這段關係中，有許多美好事物，山姆甚至還有一艘船，以及一家射擊俱樂部的會員身分。他喜歡老式槍枝，自己也有個兩三把槍。他和妻子有共同的朋友，而且互相尊重。然而，山姆並不覺得自己的性生活幸福美滿，且他非常在意這件事，最後離開了他的妻子和孩子。

山姆相信，只要他能得到一段充滿愛的美好性關係，一切就會完美無比。終於，他遇上一個對象，得到一個非常愛他的性伴侶。可是後來，山姆卻差一點自殺——因為一旦那個需求獲得滿足，性關係就變得相對不重要。現在只要他想要，隨時可以得到性，但以前對他很重要的其他許多東西，如今都已一去不回。他的孩子再也不在身邊，而他和新任妻子之間沒有那麼多共同朋友，也沒那麼彼此尊重；他失去了從前擁有的物質享受，好比他的船、他在射擊俱樂部的會員身分，山姆的槍現在全放在地下室裡面，他也沒有地方可以射擊。

為了滿足一兩項需求，山姆放棄了其他的一切，落得住在一間小小公寓套房的下場，失去了許多讓他感覺舒適的東西。

山姆的經驗告訴了我一件很重要的事情：**我們常常不去檢視已經獲得滿足的需求，或是細數自己多麼幸運。細數自己的幸運，就是以某種務實的眼光，時常檢視自己有哪些需**

求已經獲得滿足。

評估關係

假使我們開始思考是否要放掉一段關係，我建議先採取以下幾個步驟：

首先，我們看看這段關係面臨什麼問題；再來，我們決定自己容忍的底線在哪。人通常在某個底線以外，會覺得這段關係無法忍受。而在那底線以內，則覺得可以容忍。所以，我們必須先決定這些問題是落在舒適線之外，還是舒適線之內。

尤其，我們大多數人在童年時不曾學習過，如何滿足和評估我們的需求及欲求（共同依賴的第四項核心症狀），很可能需要諮商師給予一些幫助，來評估和回答這些問題。

這段關係是否在肢體、性、知性、靈性與情感上都夠安全？我在這些方面是否受到攻擊？我不認為待在有肢體暴力的關係中是明智之舉，暴力可能急速加劇。在肢體暴力出現第一個徵兆時，就要立刻採取行動，以確保其他家庭成員的人身安全。

另一方面，是否要待在有情緒虐待的關係之中，就得仰賴個人的主觀判斷了。我想，這要取決於伴侶情緒虐待的情況到底有多嚴重，以及個人的界線到底有多完整。

情緒虐待的光譜範圍寬廣，舉個例子，伴侶或許站在我們旁邊（侵犯我們的肢體界線），對我們用力尖叫，或是殘忍諷刺地嘲弄我們（侵犯我們的情感界線），並且日復一日，這是光譜上嚴重虐待的那一端，從某些角度來看，甚至比肢體虐待更嚴重。但在光譜上比較不嚴重的那一頭，伴侶或許用一般的音調，對我們的廚藝說些很難聽的評論，人則站在可接受的距離之外。只要我們擁有堅強的界線，以及堅強的自尊感，我們或許能夠容忍這種程度的情緒張力。

我們每一個人都必須得到自己需要的幫助，才能看穿我們的「否認」，並且決定個人的容忍底線到哪裡。

再來，我相信回頭檢閱這段關係中所有令你滿意的事物，甚至令你快樂的事物，會很有幫助。舉例來講，一對夫妻或許覺得在共同養育孩子方面，或是處理財務問題上面，他們非常契合。他們或許覺得，兩人的社交生活非常令人滿意，或是他們能支持彼此的工作。

在這段評估的期間，每個人都會慢慢擬出一張清單，列舉正面事物，或是在舒適線以外的事物，同時也會列出落在舒適線以內的事物。

經過這些步驟之後，針對那些難以忍受但還趨近舒適線的議題，大家就可以開始協商；每個人都會問對方：「我們可以開始處理這些問題嗎？這些是否可以協商？」

然後，在評估問題並且嘗試協商這些一度視為難以忍受的區塊後，就能獲得更多資料，用以判斷是否要留在這段關係裡頭。

發展並維持合乎現實的期待

為了獲得並保持對關係的務實期待，必須調整看待事物的眼光。我們得要學習或再學習如何合理地應對人際相處的問題，也可以從學習不要過度批判他人和自己開始，定期取得幫助者、諮商師或其他復元中患者的回饋，這樣也很有幫助。他們不僅能看見我們具偏差和批判性的思考、行為。而當我們把自己看得一無是處，以至於看不清自己的關係與生活已經改善多少時，他們也有辦法協助我們點破事實。

人與人的相處，多數時候顯然就在於接納一個事實——總有些區塊，是我和伴侶之間永遠無法取得共識的。我發現，有些主題派雅與我最好不要去討論。因為我們已經決定，即使認識彼此至今這麼久了，討論起這些主題，還是很可能會吵架。而既然這些議題對我們來說不算難以忍受，我們可以放下，尊重彼此的差異。我們關係裡，那些美好的事情比在特定議題上分歧而帶來的不舒服更為重要。

在復元的路上，我們要學習或再學習去接納自己、瞭解成癮行為和共同依賴對我們的生活和關係造成了什麼樣的影響，以及明白持續復元歷程的必要性。

除了自我接納之外，必須發展和維持合乎現實的期待，務實看待我們的復元和關係，並接受那些我們無法改變的事物。這些，我相信，就是健康關係賴以建立的地基。

1．William H. Master 與 Virginia E. Johnson 為性研究先驅，自一九五七至一九九〇年間，研究人類性反應的本質以及性失調的治療。

第四部

復元紀錄

14 走出戀愛成癮的復元紀錄

在本章中，我們會看看戀愛成癮可能如何影響到我們的生活，你又可以怎麼開始執行，好讓自己復元。我們會假定你意識到自己現在或曾經，身處在共同成癮關係中，並且你想要復元。

首先，我們會探討你如何經歷戀愛成癮的症狀，以及你如何走過戀愛成癮循環的各階段，經由這麼做，你就能開始達到癮頭復元的前兩個步驟：更徹底地走出對癮頭的否認，以及檢視身處癮頭的不良後果。

然後，當你介入你依存關係的上癮過程，這個紀錄練習就會協助你看清自己如何經歷共同依賴的症狀，以及如何才能改善這些區塊。

你能辨認出越多成年後的關係具有戀愛依存特徵，就越能正視自己的病症，針對你建立共同成癮關係的對象加以記錄，並寫下這段關係是否仍然存續。不見得所有關係都屬於戀愛成癮的關係，有些人只對浪漫愛情形成上癮關係，有些人的戀愛成癮關係則只針對父母、子女或者對密友、牧師或諮商師。

戀愛成癮的症狀

針對以下所列戀愛成癮的三項主要症狀，請描述你如何經歷每一項症狀，同時寫下你描述的每個例子帶來什麼不良後果。每一個你曾上癮的對象，都要練習寫下來。

1. 分配不成比例的時間、注意力和重視對方大過於自己。

2. 期望時時刻刻都能得到無條件的積極關懷。

3. 由於專注在依存關係中的伴侶，而忽略哪些自我照顧。

範例

1. 分配不成比例的時間、注意力和重視對方大過於自己。

對象姓名：媽媽
關係類別：親子
關係長度：一生

給這個對象的時間（分配過多的時間和注意力）	如何把這個對象當成我至高無上的力量（重視對方大過於自己）	不良後果
我在上班時間胡思亂想兩個小時，一直在想跟媽媽講的上一通電話。一直在想我可以說些什麼，好讓她理解我和明白我的看法。		要跟老闆開的會，我遲到三十分鐘，惹上一身麻煩；新案子的報告昨天到期，但是我沒完成。
	媽媽說，請專業公司幫我寫履歷很貴，而且不會比我自己寫好到哪裡去。雖然她從沒上過班、寫過履歷或看過履歷，但我仍然決定不要聘請專業人員，而是自己寫履歷。最後我沒拿到想要的工作。	拿到這個工作的女士與我資歷相近；和我的業餘履歷比起來，她的專業履歷更能突顯出她的資歷。

（不良後果的其他例子，可參見第九章。）

範例

2. 期望時時刻刻都能得到無條件的積極關懷。

我的行為描述	對他人的傷害	我預期的反應	對方實際的反應
我和男友説好中午一起吃飯，可是遲到了；他發脾氣的時候，我大哭，説他一定不愛我，否則不會這樣生氣。	他匆匆忙忙離開辦公室，結果卻只能坐在餐廳等候區。因為我遲到，害他趕赴一場重要會議也遲到了。對於我説他不愛我，他很痛苦也生氣，因為對於我的遲到，他只是有正常的反應。	我期望他忽略必須等待的不方便，看到我的時候要很高興；我以為只要愛著某人，你就永遠不會對對方生氣。	他對他這樣衝出辦公室，結果只為了在那邊等候而感到生氣，而且現在，下午的會議他得要遲到了。

範例

3. 有些自我照顧，我不是沒有為自己做，就是不再為自己做，以至於我相信對方幫我做了這些事，或者我相信對方應該幫我做（不管事實上對方有沒有幫我做）。

我如何表現需要他人，忽略自己	對方在這方面為照料我而做的事情，以及／或者我如何操縱對方做這些事
我都隨便亂吃，假裝不懂怎樣健康飲食。	永遠是媽媽幫我做飯，如果我少吃一餐，她就搞得好像很嚴重；她還準備便當，讓我帶去上班。
沒有服用心臟病的藥物，結果讓自己呼吸喘不過氣來。	媽媽很煩惱，一直注意時間，然後打給我詢問我有沒有吃藥。

利用以下的空白表格，記錄這些特徵如何影響你自己的生活；對於每一個對象，都要把這三項特徵全數寫下，然後繼續往下書寫，涵蓋你曾依存的每個對象（歡迎在筆記本中照樣複製本表格）。

對象姓名：

關係類別：

關係長度：

1. 分配不成比例的時間、注意力和重視對方大過於自己。

給這個對象的時間 （分配過多的時間和注意力）	如何把這個對象當成我 至高無上的力量 （重視對方大過於自己）	不良後果

2. 期望時時刻刻都能得到無條件的積極關懷。

我的行為描述	對他人的傷害	我預期的反應	對方實際的反應

3. 有些自我照顧，我不是沒有為自己做，就是不再為自己做，以至於我相信對方幫我做了這些事，或者我相信對方應該幫我做（不管事實上對方有沒有幫我做）。

我如何表現需要他人，忽略自己	對方在這方面為照料我而做的事情，以及／或者我如何操縱對方做這些事

戀愛成癮的循環階段

描述身為戀愛成癮者的你，如何走過情感循環的每個階段，書寫對象包含你上癮過的每一個人。

對象姓名：

關係類別❶：

關係長度：

1. 受到避愛者誘惑且「力量」強大吸引（作者註：如果書寫對象是子女，請跳過第一部分，例子請見第三章。）

A. 如何初次見面（發生經過）：

B. 舉例說明對方最初吸引我的特質（力量和誘惑）：

2. 幻想誘發而我享受快感：

A. 我在童年時期如何創造幻想，想像這個對象應該是哪種人，好讓我覺得舒服。以下是我眼中「完美」的配偶、父母、朋友（無論這是哪種類型的關係。作者註：如果這是與子女間的關係，以下是我幻想中孩子「應該」要有的特質，好讓我覺得自己是「稱職」的父母而愉悅滿足。）：

B.雙方關係發展時，我如何將自己幻想伴侶的面貌，套用在對方臉上，拒絕看清對方真正的模樣（否認他人的現實）：

3. 孤單、空虛、在伴侶眼中微不足道的痛苦得以紓解。

我如何因為和避愛者的連結，而開始感覺有價值、充實、完整。

4.表現得更加需要對方，否認避愛者構築心牆的現實：

對方沒有在我身邊的現實，如何不斷反覆浮現，而我忽略發生的一切（作者註：如果這是與子女之間的關係，那個對象本來就不應該在你身邊；身為父母，我應該要在孩子身邊，但等孩子成年後，就要放手讓他過自己的人生。以下描述我的孩子是如何不符合我預先想好他應該有的樣子，這份差異如何不斷浮現檯面、我又是如何忽略發生的一切，企圖改變孩子，以符合我先入為主的想法）。

5.覺察到伴侶的心牆，以及在這段關係外的行為，否認崩解：

發生何種事件，破除我對於對方應有樣子的幻想，或是破除我對於對方逃避我的否認（作者註：如果這是與子女之間的關係，破除幻想的事件，可能是子女因為順手牽羊或酒後駕車而被移送法辦，或是在未成年或還沒有長期而互許終身的關係時就懷孕）。

6.戒斷經驗：

否認破碎或伴侶離去時，我的情感戒斷經驗：

痛苦（描述）

恐懼（描述）

憤怒／嫉妒（描述）

7.著迷／計畫階段：

以下是我在走出否認，看清對方在這段關係中的真實行為後，我對於伴侶所產生的執著念頭和擬訂過的計畫：

A.以下是我減輕情感痛苦的計畫（舉例來說，計畫喝醉、暴飲暴食、從事任何上癮或強迫的活動）：

B. 以下是我讓對方不舒服、懲罰對方、或報復對方的計畫：

C. 以下是我讓對方回頭的計畫：

8. 將計畫付諸實行的強迫行為階段：

日期	我如何實施上述之計畫	結果 （任何方面皆可：症狀減輕、報復對方或對方回頭）

復元工作

如今，既然你已經面對了自己身陷戀愛成癮的事實，從成癮行為復元的下一步，就是介入這個成癮行為。在這麼做的時候，聰明的作法是立刻開始認真治療共同依賴的核心症狀，努力改善這些症狀，會幫助你承受戒斷經驗，直到你有時間去撐過最可怕的效應。

1. 描述你該做哪些事情，才能阻止你辨識出來的最主要上癮過程（例子包括：停止追求某個不想和你在一起的人，停止和不適當的對象發生性關係，停止酗酒）。

2. 檢視你經歷過的共同依賴核心症狀，尤其著重在自尊、承認現實、承認及滿足自我的需求欲求等方面。

A. 寫下童年時期的羞恥經歷，那個經歷影響了你的內在價值感：

B. 列出任何表述你較無價值或不如他人的內心對話，然後換新的方式陳述，讓自己的地位不低於對方，也不高於對方。

我如何描述自己的價值不如對方（我的地位低於對方）	我會如何描述自己與對方價值相等（我的地位不低於也不高於對方）

C. 列出任何表述他人地位比你高的內心對話，然後換新的方式陳述，讓對方的地位不低於自己，也不高於自己。

我如何描述對方的價值優於自己（我的地位低於對方）	我會如何描述對方與自己價值相等（我的地位不低於也不高於對方）

D. 描述你與他人的價值衝突（衝突例子可能包括處理金錢、養育子女、在不同場合如何穿著、誰應該做哪些家事等等）。

E. 在現任關係中，注意自己每天花多少時間想著對方，然後寫下來；描述你想的內容，然後描述在對方的現實中，那些與你對他的想像不同。

日期	時間長度	我對對方的想像內容	對方的哪些現實，與我的想像有出入

F. 描述在你的需求和欲求上，你如何忽視自己；利用這些資訊寫下健康的陳述，描寫你是誰，以及你需要和想要為自己做什麼事情。

我如何忽視需求和欲求	我是誰？我需要和想要為自己做什麼？

1．假使書寫對象是你的子女，這些情緒循環中的幻想和破除就會略有不同，請見每組指示中的「作者註」，看如何書寫這一類型的關係。

15 如何書寫復元步驟一

步驟一：我們承認，我們對＿＿＿＿＿（成癮對象的名字）無能為力，而我們的人生已經變得無法駕馭❶。

身為戀愛成癮者，我們的無能為力就展現在企圖控制對方的現實，對方是我們現在或過去依存的對象（舉例來說，試圖要對方戒酒或是喜歡跳舞）。

身為戀愛成癮者，我們的人生之所以無法駕馭，是因為我們企圖控制現在或過去的成癮對象，對自己和他人都造成不良後果。

以無能為力（企圖控制）和無法駕馭（不良後果）的這些定義，列舉出你所有的成癮對象，無論是過去或是現在；對象不只限於戀愛關係或性關係，而是任何一個你以上癮方式相處的對象。

姓名	關係類別 （性伴侶、朋友、父母等等）

範例1

姓名：哈利
關係類別：戀愛／性

對方的現況	無能為力：我為了控制對方而做出的事	無法駕馭：產生何種不良後果
身體	鼓勵哈利喝酒，他就會因為健康欠佳而離不開我。	哈利差一點死於酗酒。
想法	隱匿自己的事情，好讓他對我留下正面印象。	發現我有皰疹的時候，哈利覺得遭受背叛。
感受	在哈利面前肆無忌憚與其他男人調情，好讓他嫉妒。	哈利和這個男人大聲爭吵，在他的老闆面前顯得愚蠢；這個男人的女友則感覺受傷且生氣。
行為	我表現出無助不會送修汽車的樣子，好讓他負責處理，這樣我就能覺得倍受疼愛。	因為幫助我，現在哈利把我視為低他一等，遇事無助；我覺得自己過度依賴他；此外，哈利在參與重要的午間工作聚餐之前，找不出時間去剪髮。

範例 2

姓名：艾莉莎
關係類別：四十歲的女兒

對方的現況	無能為力：我為了控制對方而做出的事	無法駕馭：產生何種不良後果
身體	告訴艾莉莎不應該穿她的小禮服去參加公司的聖誕派對。	她沒穿小禮服，但是每個人都精心打扮了，她覺得非常尷尬，對我埋怨責怪。
想法	提醒艾莉莎寄生日卡片給她的外婆（我的母親）。	不讓她自己承擔忘記的後果，或是因自己選擇送出卡片而感覺喜悅。
感受	告訴艾莉莎她不愛我，因為她好幾個禮拜沒打電話給我了。	艾莉莎覺得生氣又羞愧，我們大吵一架，朝彼此大吼。
行為	為了感覺被愛，我誇大心臟不舒服的感覺，艾莉莎就會以為我是心臟病發，害怕我可能會死掉。	艾莉莎覺得我缺乏能力不如人，覺得我誇大事實，不值得信任。

範例 3

姓名：汪達
關係類別：最好的朋友

對方的現況	無能為力：我為了控制對方而做出的事	無法駕馭：產生何種不良後果
身體	告訴汪達她年紀太大，不適合把頭髮留這麼長。	汪達很生氣，說我不懂什麼叫做吸引力。
想法	撒謊，告訴汪達我畢業自史丹佛大學，好讓她印象深刻。	汪達向一個共同朋友誇耀我的學位，結果對方告訴她事實，她覺得遭受背叛。
感受	告訴汪達，我看見我丈夫和另一個女人一起喝酒，這樣她就會替我難過，但是我故意省略不提那女人是生意上的客戶。	汪達和她丈夫起爭執，她丈夫和我丈夫是同事，在她丈夫告訴她那女人是誰後，汪達覺得我背叛她；我的丈夫聽說我所講的話之後，也覺得很受傷。
行為	替我們的橋牌俱樂部烤餅乾，到了最後一刻才表現出無助的樣子，好讓汪達把我的餅乾和她的一起烤。	汪達熬夜烤多出來的餅乾，累到沒辦法好好玩橋牌；同時也讓她輕視我，覺得我沒有頭腦。

利用以下的格式，描述你和現在或曾經成癮的對象所建立的關係裡，曾發生過的無能為力和無法駕馭；你在這個練習一開始時列出的所有對象，以一個對象一張表格，完成你的紀錄。

姓名：

關係類別：

對方的現況	無能為力：我為了控制對方而做出的事	無法駕馭：產生何種不良後果
身體		

行為	感受	想法

1．請見四十五頁，回顧步驟一如何協助我們開始復元。

16 如何書寫復元步驟四

步驟四：進行追尋內在、無所畏懼的道德反省。

寫下戀愛成癮者的人生道德反省，有幫助的做法是**從檢視自己的價值體系開始**。

首先，**我們必須辨識自我的價值觀，然後再探究自己因為這段成癮關係，如何違背了自己的價值體系**。

廣泛定義的話，我們的價值體系就是我們遵循的一套規則，這套規則規範了我們在這世上應該如何經營自己的生活，才能稱為正直。

當我們按照這些規則生活時，我們喜歡自己，如果我們違背這些規則，我們就會有罪惡感，覺得自己低人一等。

戀愛成癮以好幾種方式，造成我們違背自身的價值體系。一旦賦予另一個人過多的時間、注意力、重視對方大過於自己，我們就把那個人當成了至高無上的力量，因而使那個人的價值體系比我們的價值體系更為重要。

如果我們和對方的價值觀起了衝突，卻依照對方的價值觀過生活，我們的行止就違背了自己的價值體系。當我們走過情感循環，到達否認崩解的那個階段，我們會看清自己正被遺棄，而進入戒斷的情感痛楚，我們可能會因為執著、強迫的行為，因此訴諸違背自身價值體系的舉動。

舉例來說，我們可能會利用上癮來減輕痛苦（喝得酩酊大醉、大吃大喝再拚命催吐、或是瘋狂購物），卻連帶產生許多不良後果。

除此之外，在企圖報復避愛者的過程中，我們可能會毀損他人財物，或是外遇出軌；在想要讓對方回頭的過程中，我們或許遺棄自己的孩子或其他深愛的人，或是忍受伴侶不健康或傷人的行為。

結果，違背自身的價值體系，對自己和他人造成輕重不一的不良後果。我們經歷內在的情感痛楚、罪惡、羞愧，還可能損失其他東西，包括損失金錢、損失身體健康、損失工作、損失名譽。

戀愛成癮對他人產生的不良後果，可能包含造成兒女、朋友、雇主、配偶、父母、甚至完全素昧平生陌生人的痛苦（像是，我們在強烈憤怒之下魯莽駕車，結果造成車禍）。

以下的指導方針，提出了生活中的幾項類別，人們對這些類別有自己的價值體系。思考看看你在每個類別的價值觀。然後，如果你因為依存某人而有執著，因此在某個類別違背了自己的價值觀，請寫下你做過的事情，以及你的行為衍生了哪些不良後果。請利用範例後面所附的格式來完成寫作。

以下的任何一個類別，只要你覺得適用於你的生活，請寫下你是如何違反自己的價值觀。這個清單並非是天底下所有價值觀的完整列表。所以，如果有任何其他類別格外適用於你，請自行加入清單：

建議的價值類別

金錢	進行性行為的方式	適當衣著
宗教	性忠誠度	慶祝節日
政治	經營關係	安排閒暇時光
工作	撫育子女	與父母相處

生活方式　款待朋友　社交禮儀
飲食

範例 價值類別：性忠誠度

我的價值觀	我如何違背自我價值觀	不良後果
除了和我的妻子，潘，之外，不與任何人發生性關係。	發現潘和她的上司外遇之後，我也劈腿和蘇珊在一起，她是我在酒吧遇上的女人。	我覺得很有罪惡感，因為我欺騙蘇珊，她不曉得我已婚，還希望我們能夠在一起。而且，我的祕密戀情也讓我在情感上疏遠了潘。這件事不但沒有幫我成功報復，反而還讓情況變得更糟。

範例 價值類別：金錢

我的價值觀	我如何違背自我價值觀	不良後果
刷卡金額全額付清，而且不要刷到上限。	我丈夫的價值觀就是活得開心，操心金錢會讓他的樂趣打折扣；有多少刷多少沒關係，他也不會去煩惱付款的問題。	出門使用信用卡的時候，我覺得萬分悲慘；我們負債累累，每個月都浪費錢在繳利息上面。

範例 價值類別：適當衣著

我的價值觀	我如何違背自我價值觀	不良後果
我最舒服自在的時候，就是穿著端莊的時候，服裝剪裁合身，風格樸素而不裸露。	丈夫希望我穿繞頸上衣、露背洋裝、比基尼泳裝、還有迷你裙。他說我不應該對我的身體遮遮掩掩。	出門的時候我常常覺得難為情，其他男人對我調情，我得想辦法應付，而其他我敬重的女士則對我態度冷淡。

範例 價值類別：與父母相處

我的價值觀	我如何違背自我價值觀	不良後果
我覺得我應該每週去探訪住在養老院的母親。	我太太痛恨去養老院，她說我們付給院方的錢夠多了，可以好好照顧我母親。她說，我母親只是在發牢騷，反正怎樣都會抱怨。既然她在那裡有很多活動可以做，那我們也就不需要過去，因此我很少探訪我母親。	母親受到忽略，只要一想到她，我就很有罪惡感。我姊對我疏於關心母親不能諒解，致使我們關係緊繃。

利用下一頁的空白表格，寫下你自己的道德反省，描述你如何因為身為戀愛成癮者，而違背了自我的價值觀；寫下你所想得到的每個價值類別，只要在記錄練習或步驟一練習裡寫過的任何依存關係，曾經有影響過你的價值觀都必須寫下。

價值類別：

我的價值觀	
我如何違背自我價值觀	
不良後果	

17 避愛者的復元紀錄

本章是提供給避愛者的紀錄方針。首先，我們看看第四章描述的特徵如何影響你的關係，然後看看在你的關係之中，你如何走過避愛者的情感循環。最後，我們會探討你能夠做些什麼，以踏上復元之路。

避愛者的特徵

利用以下的表格，描述你如何⑴藉由專注在關係外的張力，以逃避關係內的張力；⑵避免另一方瞭解自己；以及⑶逃避和關係中的另一方有親密接觸的機會。

避免關係中的緊繃（涉入程度）

1. 在左側欄位中填入你曾經有過哪些機會，能涉入某個關係對象的生活，你是如何迴避，又對自己、對方、或這段關係本身（或是這些項目的綜合）產生哪些不良後果。

範例

涉入他人生活的機會	如何避免涉入	不良後果
我的女兒安琪拉在十六歲時，贏得芭蕾舞比賽，太太建議我帶她去紐約欣賞國家芭蕾舞團演出，以獎勵她的表現。	安琪拉和我到達紐約後，我安排工作上一位同事的太太帶她去看芭蕾舞，我則和同事聚餐討論工作。	女兒覺得我拋棄了她；我則錯失瞭解她的機會。我傳達出的訊息是她不值得我花時間陪伴，而她擅長的東西（芭蕾）沒什麼意義，我不感興趣。
我撥出時間，帶我九歲的兒子法蘭克去釣魚，這是他第一次釣魚。	我還帶了一位來自州立育幼院的十歲男孩同行，我把多數心力放在他身上，而非法蘭克身上；當法蘭克展現敵意時，我在那位男孩面前嚴厲責備法蘭克。	法蘭克覺得我背棄了他，他不敢對我生氣，所以就把氣發在那個男孩身上；我大罵他一頓，讓他丟臉；那個男孩則承受了法蘭克的情緒。大家都不好過。

利用以下的表格，寫下你自己生活中的例子。

涉入他人生活的機會	如何避免涉入	不良後果

2. 利用下一頁的表格，描述你如何在自己的重要關係之外創造張力，以及在你的關係之外，感受到與他人的連結。

範例

張力來源	涉入對象	連結感受
每週五晚上到粉紅大象喝酒。	酒保湯米和巴迪、艾莉莎、服務生莎莉和凱莉、老客戶海爾、山米、喬、楚迪、喬伊斯、波比、諾蘭。	這些人就好比我的第二家人，粉紅大象則像我的另一個家，我在這裡很放鬆，知道這個地方會歡迎我。
自願一週花四個晚上，替基督教青年會蓋棒球場。	山姆、約翰、艾利森、珊卓、傑若米、班。	我們奉獻自我，為這個社區做了一件很棒的事情。

利用以下的表格，寫下你自己生活中的例子。

張力來源	涉入對象	連結感受

避免伴侶瞭解自己

1. 利用下一頁的表格，描述你如何採用心牆，並非健康的界線，來避免關係對象瞭解自己；然後，描述由於對方沒有獲得關於你的資訊，而引發何種不良後果。需要納入的資訊，好比一項需求或欲求、意見或偏好、你的感受，或一件你想做的事情。

範例

心牆形式：沉默、偽裝成熟、善解人意	我如何利用這道心牆，避免表露自我（肢體、情感、知性或行為方面的親密）	不良後果
沉默	太太問我，如果耶誕節時她邀請她母親過來，我會不會介意；我不想她母親過來，因為應該是輪到我的家人來訪，可是我又不想吵架。	太太以為我不介意，就邀請了她母親。我很不高興她母親來訪，於是態度欠佳，她媽媽覺得在我們家很不自在。

1. 利用以下的表格，寫下你自己生活中的例子。

心牆形式：沉默、偽裝、善解人意	我如何利用這道心牆，避免表露自我（肢體、情感、知性或行為方面的親密）	不良後果

2. 利用下一頁的表格舉例，你如何藉由自己處理事情、不尋求親近關係中的另一半給予支持和幫助，以避免對方瞭解你；例子可能包括處理問題、擬訂計畫、或是處理痛苦經驗產生的情緒。

範例

我獨自處理的事件	如何保守祕密	不良後果
發現我得了癌症，而且無法動手術移除。	逼醫生答應不說，告訴家人只是感染，把所有的恐懼和痛苦壓抑在內心。	太太最後發現時，覺得我背叛了她；我則在恐懼中萬分孤獨。
丟了工作。	每天打扮整齊出門去，假裝去上班。	我心裡孤單又恐懼，太太則因為不知道沒有薪水入帳，開出的支票跳票。

利用以下的表格，寫下你自己生活中的例子。

我獨自處理的事件	如何保守祕密	不良後果

逃避親密接觸的機會

1. 利用下一頁的表格，列出你如何利用轉移注意力，來逃避和伴侶接觸的機會，例如開著電視或收音機、看書看報紙、忙著進行各種計畫，像是修繕房屋、擔任教會或社區志工、從事運動等等諸如此類。

範例

轉移注意力的形式	描述你用這種形式轉移注意力的實例	描述你用這種形式要逃避的事情
在車上大聲播放鄉村音樂。	上次度假時，我們從科羅拉多一路開到加州，我把收音機音量調得很大聲，好讓彼此無法聊天。	我避免跟海倫討論任何事，談話通常都在爭吵中結束，這不是我理想中的旅行。
在地下室弄一間暗房，每天晚上待在裡頭，學習新的沖洗技術。	小孩很吵，兒子要我教他做物理作業，他以為我有個工程學位，就一定什麼都懂；我太太整天走來走去，一直想跟我講話。	我逃避必須協助孩子寫作業，我逃避必須和太太討論我們婚姻中的困擾，或是她在金錢上捅的簍子。

利用以下的表格，寫下你自己生活中的例子。

轉移注意力的形式	描述你用這種形式轉移注意力的實例	描述你用這種形式要逃避的事情

2. 利用下一頁的表格，列出你如何藉由控制關係中的某人某物，來逃避親密接觸的機會。

範例

控制的形式	控制的主題	不良後果
爆發爭吵。	太太要求嘗試不一樣的性愛方式。	她很受傷很生氣，我則無法勃起。
碎碎唸錢花得太兇。	每年夏天的度假計畫。	無法好好享受假期，害怕預算超支，只敢照表操課。
貶低我兒子，向我開口要求卻缺乏說服力。	兒子要求晚睡。	兒子質疑自己的思考能力，感覺羞愧。

利用以下的表格，寫下你自己生活中的例子。

控制的形式	控制的主題	不良後果

3. 由於童年時曾經被照顧者黏結、控制和利用，你現在或許對於任何可能控制你的東西都非常敏感；利用下一頁的表格描述另一方所做的事情，以及為何你解讀對方是

想要控制。然後，在第三欄裡，寫下另一方的行為，如何只是為了自我照顧，而非想要控制你。

範例

他人行為：對方所做的事	這個行為如何像是控制	這個行為如何只是對方在照顧自我
太太問我，有沒有把車子送去定期檢驗。	我是一家之主，卻覺得好像一個忘東忘西的小男孩，被一個老愛指揮的母親控制。	太太正準備獨自出門，開車到另一個城市去拜訪岳母，她不想要在高速公路上被警方攔下，只因為沒有更新有效的檢驗證明。
女朋友問起我探訪孩子的情況，孩子現在和我前妻住在一起。	我認為她是想要探聽我和前妻的關係。	她提起這段對話，是一種言語親密，並且看我過得好不好。
丈夫清空車庫地面，把我的園藝用品統統收起來，害我找不到。	他是要讓我知道，我的生活習慣有多差，好讓我以後用完就自己收。	丈夫把車庫中間的位置清出來，這樣才能把車停在那裡。

利用以下的表格，寫下你自己生活中的例子。

他人行為：對方所做的事	這個行為如何像是控制	這個行為如何只是對方在照顧自我

在與戀愛成癮者的關係中，避愛者經歷的情感循環

描述身為避愛者的你，如何經歷情感循環的各個階段；凡是曾經有過共同成癮關係的對象，都必須加以描述（更多範例請見第五章）。

對象姓名：

關係類別：

關係長度：

1. 出於責任和為了避免罪惡感，而步入一段關係：

2. 透過誘惑之牆與對方「連結」。以下是我如何以誘惑維繫這段關係：

A. 我展現出來的力量，使得對方印象深刻：

B. 我殷勤體貼的方式，以及幫忙照顧的需求：

C. 我保護對方的方式：

3. 受到戀愛成癮者愛慕而享受快感。以下事物在這段關係開始的時候，振奮了我的心情：

4. 感覺被吞噬和控制。以下是對方的需求如何開始具有壓迫感：

5. 離開這段關係。以下是我疏離戀愛成癮者和這段關係的作法（如果你已經疏離）：

6. 因為罪惡感、害怕被遺棄、或兩者兼而有之，於是回頭。以下是我如何決定回到這段關係（如果你已經回頭）：

復元工作

正如之前所見，對你這個避愛者而言，對親密的恐懼就源於相信它是一種壓榨、吞噬的經驗，會徹底控制你的生活；這是來自童年時期被情緒虐待或性虐待的經歷，或是曾被父母一方或雙方黏結。

對於成年後的你來說，親密關係似乎總是造成不幸，但你一直在試圖躲避的，其實是黏結而非親密。

復元包括了⑴學習健康的親密關係與黏結之間的差異，讓你清楚看見親密值得嚮往，能夠改善你的生活；以及⑵學習如何用健康的界線保護自己，不受他人意圖黏結的侵擾。

1. 描述你該做些什麼，以停止逃避關係（給予明確例證，例如「停止在週間每晚外出」，或「停止以爭吵來控制別人」等等）。

2. 檢視你經歷過的共同依賴核心症狀，尤其在於劃設界線和承認現實的症狀上。

A. 寫下童年時期的經歷，照顧者如何缺乏健康的界線，所以他們黏結你，並且侵犯你的界線；然後寫下這些經歷如何影響你成年後的生活（請寫在下一頁的表格）：

範例

童年時期界線遭受逾越的例證	逾越界線對我成年生活的影響
父親常在肢體上虐待我，硬是抱住然後用拳頭打我，或是猛捏我的大腿直到我眼淚流出來。	現在我真的很討厭人家碰我，肢體親密感覺很危險。

利用以下的表格，寫下你自己生活中的例子。

童年時期界線遭受逾越的例證	逾越界線對我成年生活的影響

B. 寫下童年時期的經歷，照顧者如何利用你的個人資訊來控制和操縱你：

3. 在左側欄位裡，列出你曾使用那些心牆，以避免伴侶瞭解你；在右側欄位中，寫下健康的界線如何能夠達到類似保護，但是對身處關係的你與對方，卻比較不致於產生不良後果。

範例

使用的心牆	健康的界線如何能夠達到類似保護，卻比較不致於產生不良後果
沉默。	有了內在界線，太太詢問我對事情的優先順序時，我就能告訴她我的看法；就算她不喜歡，我也不會覺得內疚或羞愧。

利用以下的表格，寫下你自己生活中的例子。

使用的心牆	健康的界線如何能夠達到類似保護，卻比較不致於產生不良後果

4. 在下一頁表格的左側欄位裡，列出你獨自處理的事情；在右側欄位中，寫下你能如何要求支持（分享你的經歷，好讓他人知道並在乎）以及協助（要求旁人分擔或者代為完成）。

範例

我獨自處理的事情	我能如何要求支持與協助
我兒子和她母親同住，也就是我的前妻，他在來訪時會偷錢；我不知道該怎麼辦，但是錢不見的時候，我一定會生氣。	我可以告訴現任太太我懷疑的事情，以及我有哪些證據，請她提供意見我該怎麼辦。
老闆讓我想起了父親，而我一直都和父親處不來。	我可以告訴太太這些感受，告訴她只需要聆聽並且瞭解這是個困難，而我會努力克服它；或者我也可以找諮商師，討論我和老闆的問題，以及他怎樣讓我想起了父親。

利用以下的表格，寫下你自己生活中的例子。

我獨自處理的事情	我能如何要求支持與協助

5. 在下頁表格的左側欄位裡，列出你以那些方式，逃避撥時間與他人相處；在右側欄位中，列出你願意以何種方式，涉入與你關係親近對象的生活中。

範例

我如何逃避撥時間親近關係中的另一方	我願意如何與關係中的另一方相處
每天下班後都外出。忙著當志工或是到粉紅大象喝酒。	一週待在家兩天，撥時間教孩子寫作業或和他們聊天，並且空出時間和太太聊天，或者聽她講對家用支出的煩惱。

利用以下的表格，寫下你自己生活中的例子。

我如何逃避撥時間親近關係中的另一方	我願意如何與關係中的另一方相處

6. 在下頁表格的上方欄位中，列出你控制關係的方式；在下方欄位中，列出你能做些什麼，來取代這些控制行為。

範例

我控制關係的方式	我能做些什麼，來取代這個控制方式
爆發爭吵。	平靜表明我的立場，禮貌聆聽對方的觀點。
碎碎唸錢花得太兇。	另開一個活期帳戶給我太太，若她花用裡面的金錢，不需向我交代。
貶低我兒子，向我開口要求卻缺乏說服力。	學著拒絕但不必攻擊他。

利用以下的表格，寫下你自己生活中的例子。

我控制關係的方式	我能做些什麼，來取代這個控制方式

個人的復元

如果一直以來，你都因為身處共同成癮關係所產生的情感循環，感覺倍受折磨，無論你的角色是戀愛成癮者或避愛者，未來似乎都顯得希望渺茫；然而，我們合作完成這本書的作者群們，願意站出來親身見證，復元其實極有希望。

在我們與本書的手稿纏鬥，回顧自己在共同成癮關係裡遭遇的困難時，我們能夠看見，我們在與周遭親近人士的相處上，已經有了長足進步，我們每個人在關係中體驗到的祥和寧靜，超越過數年前曾經以為可能擁有的程度。這一切並不容易，每個人都曾經退回原點，不只一次必須重新開始，但令人驚訝的好消息就在於，我們覺察的能力變強了，操縱和攻擊減少了，以往我們面對關係中的其他人時，這幾乎就是自動自發的例行反應；我們發現，擁有健康的界線以後，我們對伴侶行為的反應，漸漸不再如同懸在絲線上的木偶人，而這輩子都戒除不了、情緒爆發循著痛苦、驚慌運行的例證已經越來越少。

當我們在關係中享有越來越多的健康特徵；當我們能夠放棄一些偏差、幼稚的想法，期望身邊親近的人給予我們哪些東西，我們的人生就變得益發美好，能夠更自在地協商彼此的歧異，更能看待自己在關係之中具有同等價值，並且更能夠直接要求親密與支持。

我們希望，藉由以這種方式看待人際相處的痛苦互動，能協助你辨識、擁抱你生活中戀愛依存問題的現實，勇於面對痛苦，並且邁向復元歷程。我們現在已經知道，童年時期遭受遺棄和黏結而傳承至今的，無須繼續主宰我們的人生；人生有出口，我們和許多人都已經找到，而必須要有勇氣、信任、耐力和深深的渴望，才能走出目前處境的黑暗，步入明亮陽光之下，那種生活方式，才能帶來更高的個人尊嚴、整合以及內在寧靜。隨著我們邁向復元，才能停止傳承，不將這痛苦延續到孩子身上。

成長於機能失調的家庭，可以在我們內心植入不成熟的念頭，其中一個想法就是：「我無法忍受這份痛苦！」但這想法並不正確。我們發現，在至高無上力量的協助之下，也就是神的協助，我們能夠忍受面對現實的痛苦；不只如此，這份痛苦可以轉化為生產的劇痛，孕育出全新的人生體驗，以及對復元之旅的愛。

歡迎加入！

戀愛成癮心理文獻簡介

「戀愛成癮」一詞的使用、討論，首次以書籍形式出現在心理學文獻以及大眾文學內，為史坦頓．皮里與阿契．普洛多斯基於一九七五年所著的《愛與耽迷》，他們在書中提出，某些形式的愛情，事實上是某種形式的上癮，比起大眾廣泛認可的鴉片，可能具有更破壞性的潛力。在描述成癮行為的心理本質時，作者強調，一段看似田園牧歌般的戀愛關係，背後隱藏的可能是逃避俗世，這個成癮行為就跟當事人的無能感相關。

在稍早刊登於《今日心理學》（*Psychology Today*）的文章中，皮里及普洛多斯基（一九七四）指出，戀愛成癮者這種人的特徵，可能在於需要旁人替他們建構人生，並且他們自我隔絕，著重發展的關係不但無法誘發成長，並且「幾乎不可能停止」。

珍．賽門（Jane Simon）（一九七五）的討論涵蓋愛情的健康與精神官能層面，她比較了精神官能型性依戀與藥物成癮的不同，比較項目包括被動性、去依戀、低自尊和剝削他人；她主張健康、成熟的愛情排除互相剝削，促進雙方的個體成長以及自我實現。

七年之後，賽門（一九八二）提出了兩種類型的戀愛關係：上癮型和自我實現型，她討論了成癮關係如何發展、這些行為的性別差異、以及這些案例的治療過程。

凱利．布斯（Kerry Booth）（一九六九）指出酗酒男性的需求，他們需要維持在依賴狀態，並且逃避自我獨立。

二十年後，納汀．川克（Nadine Trocme）在《心理醫學》（*Psychologic Medicale*）（一九八九）指出，酗酒病患在治療時的心理依賴，以及對所有客體關係的迴避；他的觀點與本書相關連之處，就在記述了童年時期一種機能失調的倚賴關係，這段與患者母親建立的關係，奠定了一種依賴模式，並且在患者的一生當中，持續上演在與患者配偶以及其他重要人士的關係上。

一九八一年時，瑪莉．杭特（Mary Hunter）等人發展出「愛情量表」（Love Scale），用以度量戀愛成癮。澳洲的茱蒂絲．芬妮（Judith Feeney）與派翠莎．諾勒（Patricia Noller）（一九九〇）則發展出另一張量表，用以評估「依附型態」（attachment style）、依附史、對關係的信念、自尊、深戀感、戀愛方式以及愛情型態，實驗對象若在童年遭受離棄，或被強勢父母疏離，會表述出缺乏獨立、以及渴望關係中的深刻承諾。分析資料的結果顯示，依附型態與自尊強烈相關，因此也與親子之間的關係史具有強烈的關連。

桃樂絲·路易斯（Dorothy Lewis）（一九九一）等人於研究女性罪犯時，發現與同等條件的男性罪犯相較之下，女性（來自有虐待情形的家庭）往往變得黏結於暴力關係中。

查爾斯·尼可拉斯（A. Charles-Nicolas）（一九八九）等人探討青少年與青壯年的藥物成癮，可能有哪些兒童時期的根源。雖然並未假定藥物成癮者童年的創傷事件是否與現今的藥物依賴具有線性因果關係。但他們發現，患者無法清楚回憶並詳盡闡述這些誘發他們訴諸藥物的創傷，而傾向把創傷放在內心。他們的結論是，母親與嬰幼兒間機能失調的關係，例如融合（fusion）和／或排斥（rejections），似乎與之後的藥物依賴有強烈關連。

格蘭特·馬汀（Grant Martin）（一九八九）將上癮模式與婚姻連結起來，在他的定義下，上癮意指儘管發生破壞性的後果，卻越來越無法去開始或停止一個活動。馬汀將戀愛成癮區分為三種個別類型（浪漫型、關係型、性愛型），並提出每種類型的特徵和程度，以及一些治療建議。

史坦頓·皮里（一九八五）主張除了藥物使用之外，對其他可能產生的成癮行為要有更多認識，他認為關於成癮行為的本質，我們必須重新評估其基本思想脈絡——也就是上癮與生物基礎的關係，以及文化、個人對上癮經驗的詮釋與上癮之間有何關連。他認為，應該要提出「泛成癮行為」（pan addiction）的成功模式。

理查．米勒（Richard Miller）（一九八七）提出了與先驅史坦頓．皮里（一九七五）的對話，他質疑皮爾認為要發展出統一的上癮理論，對話內容包括討論成癮行為、上癮治療、對於愛和壓力等經驗的上癮，以及物質上癮。

湯瑪斯．提瑞克（Thomas Timmreck）（一九九〇）探討「戀愛成癮」的文獻，提供了一些深入的觀點以及治療方式，他表示，對於患有戀愛成癮的當事人來說，這些治療方式十分有效。

看過上述的心理學文獻，以及迅速瀏覽推薦書單後，會發現幾乎所有關於戀愛成癮的文獻，顯然都完成於過去二十年之間，並且多數與我們稱為戀愛成癮的病症並不相關。正如在本書序言中所述，我們明白，我們的研究超前於這個領域，在我們所謂的戀愛成癮或共同成癮關係中，變象可說是不計其數，而我們主要倚賴派雅．梅樂蒂的臨床經驗，來描述這痛苦、強迫的相處方式；這樣的相處方式傷害打擊了無數人們，他們困惑不明，人與人之間的關係為何如此之痛。

參考文獻

Booth, Kerry G.（1969）Dissertation Abstracts International 30（4-8）: 1893. Norman, OK: University of Oklahoma.

Charles-Nicolas, A., Voukassovitch, C., and Touzeau, D.（March-April 1989）Annales Medico-Psychologiques 147（2）: 241-44.

Feeney, Judith A. and Noller, Patricia.（February 1990）Journal of Personality and Social Psychology 58（2）: 281-91. Brisbane, Australia: University of Queensland.

Hunter, Mary S., Nitschke, Cynthia, and Hogan, Linda（April 1981）Psychological Reports 48（2）: 582. Arlington: University of Texas Graduate School of Social Work.

Lewis, Dorothy O., Yeager, Catherine A., Cobham-Portorreal, Celeste S., and Klein, Nancy, et al.（March 1991）U.S. Journal of the American Academy of Child and Adolescent Psychiatry 30（2）: 197-201. New York: New York University Medical Center, Dept. of Psychiatry.

Martin. Grant L.（Winter 1989）Journal of Psychology and Christianity 8（4）: 5-25. Seattle, WA: CRISTA Counseling Service.

Miller, Richard E.（1987）Employee Assistance Quarterly 3（1）: 35-56. Webster, NY: Xerox Health Management Program.

Peele, Stanton（March 1985）British Journal of Addiction 80（1）: 23-25. Morristown, NJ: Human Resources Institute.

Peele, Stanton and Brodsky, Archie. Love and Addiction（Harvard: Harvard University Business School, 1975）.

Peele, Stanton and Brodsky, Archie.（August 1974）Psychology Today 8（2）: 22.

Simon, Jane.（Winter 1975）American Journal of Psychoanalysis 35（4）: 359-64.

Simon, Jane.（Fall 1982）American Journal of Psychoanalysis 42（3）: 253-63. New York: Institutes of Religion and Health.

Timmreck, Thomas C.（April 1990）Psychological Reports 66（2）: 515-28. San Bernardoni, CA: California State University.

Trocme, Nadine.（December 1989）Psychologic Medicale 21（14）: 2143-46. Paris, France: Boucloaut Hospital, Internal Medicine Service.

推薦書單

中文書籍

邱紫穎（譯）（2004）。《走出病態互依的關係》。（原作者：派雅．梅樂蒂、安姬雅．米勒、凱斯．米勒）。台北市：光點出版社。（原著出版年：1989 年）

黎志煌（譯）（1991）。《不要衝突只要愛》。（原作者：Paul, Jordon and Margaret Paul）。台北市：方智出版社。（原著出版年：1988 年）

鄭重熙（譯）（1994）。《逃離親密》。（原作者：Schaef, Anne Wilson）。台北市：光啟文化事業。（原著出版年：1990 年）

英文書籍

Ackerman, Robert, and Susan Pickering. Abused No More: Recovery for Women in Abusive and/or Codependent Alcoholic Relationships. Blue Ridge Summit, PA: TAB Books, 1989.

Arterburn, Stephen. Addicted to Love: Recovery from Unhealthy Dependency in Love,

Romantic Relationships and Sex. Ann Arbor, MI: Servant Publications, 1991.

Bireda, Martha. Love Addiction: A Guide to Emotional Independence. Oakland, CA: New Harbinger, 1990.

Covington, Stephanie. Leaving the Enchanted Forest: The Path from Relationship Addiction. San Francisco, CA: HarperSanFrancisco, 1988.

Cruse, Joseph. Painful Affairs: Looking for Love Through Addiction and Codependency. New York: Doubleday, 1989.

Diamond, Jed. Looking for Love in All the Wrong Places: Overcoming Romantic and Sexual Addictions. New York: Putnam Publishing Group, 1988 and 1989.

Firestone, Robert W., Ph.D. The Fantasy Bond: Effects of Psychological Defenses on Interpersonal Relations. New York: Human Sciences Press, Inc., 1987.

Gorski, Terence T. The Players and Their Personalities: Understanding People Who Get Involved in Addictive Relationships. Independence, MO: Herald House, 1989.

Grizzle, Ann. Mothers Who Love Too Much: Breaking Dependent Love Patterns in Family

Relationships. Westminster, MD: Ivy Books, 1991.

Imbach, Jeff. The Recovery of Love: Christian Mysticism and the Addictive Society. New York: The Crossroad Publishing, 1991.

Kasl, Charlotte D. Women, Sex, and Addiction: The Search for Love and Power. San Francisco, CA: HarperSanFrancisco, 1990.

Lee, John H. I Don' t Want To Be Alone: For Men and Women Who Want to Heal Addictive Relationships. Deerfield Beach, FL: Health Communications, 1990.

Lorrance, Laslow. Love Addict at Eighty-Four: Confessions of an Old Romantic. New York: Vantage, 1991.

May, Gerald G. Addiction and Grace: Love & Spirituality in the Healing of Addictions. San Francisco, CA: HarperSanFrancisco, 1991.

Mellody, Pia, and Andrea Wells Miller. Breaking Free: A Workbook for Facing Codependence. San Francisco, CA: HarperSanFrancisco, 1989.

Miller, Joy. Addictive Relationships: Reclaiming Your Boundaries. Deerfield Beach, FL:

Health Communications, 1989.

Norwood, Robin. Women Who Love Too Much. New York: St. Martin' s Press, 1985.

Norwood, Robin. Letters from Women Who Love too Much: A Closer Look at Relationship Addiction and Recovery. New York: St. Martin' s Press, 1988.

Peabody, Sue. Addiction to Love. Berkeley, CA: Ten Speed Press, 1989.

Peele, Stanton, and Archie Brodsky. Love and Addiction. New York: NAL-Dutton, 1976 and 1987.

Ricketson, Susan C. Dilemma of love: Healing Codependent Relationships at Different Stages of Life. Deerfield Beach, FL: Health Communications, 1990.

Sandvig, Karen J. Growing Out of An Alcoholic Family: Overcoming Addictive Patterns in Alcoholic Family Relationships. Ventura, CA: Regal, 1990.

Schaeffer, Brenda. Is It Love or Is It Addiction? San Francisco, CA: HarperSanFrancisco, 1987.

Weinhold, Barry. Breaking Free of Addictive Family Relationships. Dallas, TX: Stillpoint,

1991.

*編註：本書譯自英文版原書之二〇〇三年增訂版。

當愛成了依賴

為什麼我們愛得那麼多，卻被愛得不夠？

Facing Love Addiction:
Giving Yourself the Power to Change the Way You Love

作　　者　派雅．梅樂蒂、安姬雅．威爾斯．米勒、凱斯．米勒
譯　　者　曾舜華
執行編輯　鄭智妮
行銷企劃　許凱鈞
內頁設計　賴姵伶
封面設計　張　嚴

發 行 人　王榮文
出版發行　遠流出版事業股份有限公司
地　　址　臺北市南昌路 2 段 81 號 6 樓
客服電話　02-2392-6899
傳　　真　02-2392-6658
郵　　撥　0189456-1
著作權顧問　蕭雄淋律師

2017 年 9 月 1 日　初版一刷
定　　價　新台幣 300 元　（如有缺頁或破損，請寄回更換）

ISBN 978-957-32-8048-4
遠流博識網 http://www.ylib.com/
E-mail ylib@ylib.com

FACING LOVE ADDICTION: Giving Yourself the Power to Change the Way You Love
by Pia Mellody, Andrea Wells Miller and J. Keith Miller

國家圖書館出版品預行編目 (CIP) 資料

當愛成了依賴：為什麼我們愛得那麼多，卻被愛得不夠？ / 派雅 . 梅樂蒂 (Pia Mellody), 安姬雅 . 威爾斯 . 米勒 (Andrea Wells Miller), 凱斯 . 米勒 (J. Keith Miller) 著 ; 曾舜華譯 . -- 初版 . -- 臺北市 : 遠流 , 2017.09
　面；　公分
譯自 : Facing love and addiction : giving yourself the power to change the way you love: the love connection to codependence
ISBN 978-957-32-8048-4(平裝)
1. 心理諮商 2. 兩性關係
178.4　　　106012097